Pascal Bornarel

Reiki l'énergie de l'amour

Pascal Bornarel

Reiki l'énergie de l'amour

Éditions Vie

Impressum / Mentions légales

Bibliografische Information der Deutschen Nationalbibliothek: Die Deutsche Nationalbibliothek verzeichnet diese Publikation in der Deutschen Nationalbibliografie; detaillierte bibliografische Daten sind im Internet über http://dnb.d-nb.de abrufbar.

Alle in diesem Buch genannten Marken und Produktnamen unterliegen warenzeichen-, marken- oder patentrechtlichem Schutz bzw. sind Warenzeichen oder eingetragene Warenzeichen der jeweiligen Inhaber. Die Wiedergabe von Marken, Produktnamen, Gebrauchsnamen, Handelsnamen, Warenbezeichnungen u.s.w. in diesem Werk berechtigt auch ohne besondere Kennzeichnung nicht zu der Annahme, dass solche Namen im Sinne der Warenzeichen- und Markenschutzgesetzgebung als frei zu betrachten wären und daher von jedermann benutzt werden dürften.

Information bibliographique publiée par la Deutsche Nationalbibliothek: La Deutsche Nationalbibliothek inscrit cette publication à la Deutsche Nationalbibliografie; des données bibliographiques détaillées sont disponibles sur internet à l'adresse http://dnb.d-nb.de.

Toutes marques et noms de produits mentionnés dans ce livre demeurent sous la protection des marques, des marques déposées et des brevets, et sont des marques ou des marques déposées de leurs détenteurs respectifs. L'utilisation des marques, noms de produits, noms communs, noms commerciaux, descriptions de produits, etc, même sans qu'ils soient mentionnés de façon particulière dans ce livre ne signifie en aucune façon que ces noms peuvent être utilisés sans restriction à l'égard de la législation pour la protection des marques et des marques déposées et pourraient donc être utilisés par quiconque.

Coverbild / Photo de couverture: www.ingimage.com

Verlag / Editeur:
Éditions universitaires européennes
ist ein Imprint der / est une marque déposée de
OmniScriptum GmbH & Co. KG
Heinrich-Böcking-Str. 6-8, 66121 Saarbrücken, Deutschland / Allemagne
Email: info@editions-ue.com

Herstellung: siehe letzte Seite /
Impression: voir la dernière page
ISBN: 978-3-639-61708-5

Reiki : l'énergie de l'amour

À celui qui sera toujours dans mon cœur et dans mon esprit, à mon maître Serge parti trop tôt en août 2010. Comme ma dit sa fille «*un être au grand cœur ne meurt pas il s'en va seulement trop tôt*», merci Serge pour tout ce que tu as fait pour nous.

À Marie Laure, ma grande amie, ma confidente, merci d'être toujours à mes côtés pour me soutenir dans les moments difficiles. Tel un phare dans mes tempêtes.

À notre amie Cécile, qui malgré l'épreuve qu'elle vit m'a été d'une aide précieuse et irremplaçable pour écrire ce livre.

Table des Metières

Le reiki : l'énergie de l'amour, c'est une de mes élèves qui m'envoya ses cinq mots quelques jours après son initiation au reiki premier degré. Je lui renvoyais un courriel à lui demandant ce qu'elle sous-entendait par l'énergie de l'amour. La réponse arriva rapidement avec ses quelques mots « le reiki, l'énergie de l'amour pour soi ou pour autrui ». Je fus agréablement surpris que cette personne qui s'était montrée si introvertie pendant le stage, elle avait saisi toute la simplicité mais aussi toute la complexité du reiki. Il est bien évident que l'on ne peut faire du reiki efficacement que si on est dans l'amour universel pour l'autre, cet amour beau et propre où l'on n'attend rien en retour. Tout ce qui peut se passer pendant et après une séance n'est que simplicité et bonheur. Et voilà toute la complexité du reiki « une fois initiée au reiki, on n'a juste à poser les mains et à laisser passer l'énergie en nous avec l'intention de faire du bien à la personne qui reçoit ce soin ».

Énergies de l'amour car c'est par amour pour ma femme Isabelle que je me suis lancé dans le reiki. Mon épouse été suivi par Serge médecin généraliste de Beauzelle qui était aussi acupuncteur et homéopathe. Il était très embêté car à chaque fois qu'il faisait de l'acupuncture sur mon épouse cela la rechargeait énergétiquement pendant 48 heures et puis c'était de nouveau la fatigue qui revenait, plus d'énergie. En juin 2003, il lui proposa de l'initié au reiki afin qu'elle puisse s'apporter de l'énergie. Mon épouse refusa car elle ce santé trop fatiguée, pour suivre deux jours de stage. Il me proposa donc de suivre le prochain stage de reiki qu'il organisait en septembre 2003.

Le premier contact que j'ai eu avec le reiki fut un traitement complet que Serge me fit afin que je ressente les effets du reiki avant d'être initié. J'étais très sceptique sur cette technique si simple, mais pourtant j'ai du reconnaître que cela m'avait profondément détendu et que j'avais très bien dormi la nuit suivante. La veille de ma formation aux premiers degrés j'effectuais un cours d'essai dans un nouvel art martial de self défense ou, en travaillant avec un haut gradé, je me cassais une cote Je décidai tout de même d'aller faire l'initiation au premier degré. J'en ai parlé à Serge pour avoir son avis en tant que médecin et si ça n'allait pas déranger l'initiation et il a souri, ce grand sourire que j'ai souvent vu sur son visage avec son petit air « tu verras bien » cela me rassuras, si Serge avait ce petit sourire c'est que ce n'était que positif pour moi, il aimer trop les gens pour les laisser souffrir. Maintenant je sais pourquoi. En effet des que fut faite la première mise en harmonie avec l'énergie reiki je n'ai plus jamais eu mal à cette côte, (pour la petite histoire, j'ai fait mon troisième degré avec une cote fêlée au cas où je t'aurais pas bien compris la première fois. J'étais très serein car je savais que je n'aurais pas mal). Et maintenant c'est moi qui souri quand je dois initier une personne qui a des douleurs, je la rassure et je lui dis que c'est moi qui vais m'adapter et que cela va être une merveilleuse surprise pour elle.

C'est comme cela que j'ai découvert cette fabuleuse technique complémentaire qui est le reiki. On peut être surpris que j'utilise le terme de complémentaire, mais pour moi c'est cela le reiki. Car le reiki est complémentaire à tout autre technique (homéopathie, acupuncture, fleur de Bach et surtout médecine allopathique…) Un praticien de reiki apporte des réponses qu'aucun notre thérapeute ne peu apporter. Et les autres thérapeutes apportent des réponses qu'aucuns praticiens de reiki ne peu apporter. C'est cette complémentarité qui fait toute la richesse de ces techniques complémentaires et leur efficacité.

QU'EST-CE QUE LE REIKI ?

Le reiki n'est ni une religion, ni une secte. Il est apolitique, mais, il ne dispense pas d'une consultation chez un médecin. Le reiki est une méthode complémentaire très efficace à la médecine allopathique. Dans le cas de traitements médicaux, le reiki accélère la guérison et permet aussi de limiter les effets secondaires des médicaments.

« Reiki signifie énergie de vie universelle ; c'est l'essence même de la vie, nous naissons avec elle. Dans le système Usui de soins naturels, le contact est établi avec cette force universelle, qui agit alors automatiquement pour rétablir tous les niveaux de la personne ; ceux qui suivent cette formation réalisent que c'est un investissement inestimable, car permanent, et qui nous aide à élever notre niveau de vitalité, de santé physique et mentale, tout en renforçant notre prise de conscience spirituelle. » C'est comme cela que Hawayo Takata définissez le reiki.

Le reiki est une méthode de guérison holistique (qui prend en compte l'être dans sa totalité physique, mental, émotionnelle et spirituel) d'origine japonaise, mais plusieurs fois millénaire dans son essence. En effet quelle que soit la civilisation et aussi loin que remonte la mémoire de l'homme, on trouve des guérisseurs qui se transmettent ce savoir. Il fut redécouvert au siècle dernier par le Docteur Mikao Usui qui voulut le transmettre à un maximum de personnes afin que ces personnes prennent leur santé en mains et puisse se développer sur tous les plans de l'être.

Le reiki est souvent comparé à l'acupuncture chinoise ; une des différences est que l'acupuncture utilise des aiguilles et demande des années d'études pour connaître tous les points, alors que le reiki c'est le corps de l'initié qui canalise l'énergie et ne demande pas une connaissance de l'anatomie particulière.

Le reiki peut se définir par le REI qui est l'énergie environnante, et le KI qui l'énergie qui est en nous. Le reiki est le lien entre les deux énergies. Il permet en pratique de recharger son énergie ou celle de la personne qui est traitée, c'est donc la mise ou la remise en contact de « l'énergie universelle » et de notre propre « force vital » dans le but de stimuler les facultés de récupération et les processus d'auto régulation de l'organisme.

Lorsqu'une personne reçoit un soin reiki, tout son être est remis en contact avec la force universelle de vie. Cette force s'écoule naturellement des mains du donneur, appelé canal de reiki, vers le receveur. Plus la demande est forte et plus le reiki emprunte le canal du donneur avec intensité. Le reiki est alors absorbé par les centres énergétiques du receveur qui redistribue cette énergie aux glandes endocrines au système nerveux et au système immunitaire la fonction de ces organes s'en trouve alors améliorer et par voie de conséquence on accélère la disparition des désordres de nature physique ou psychique, permet une relaxation totale et entraîne une libération du stress. Le reiki aide à retrouver et maintenir un état de bien-être. Et les résultats se font sentir généralement dès les premiers jours.

Après un soin reiki, l'énergie universelle continue à circuler intensément dans la personne et l'accompagne pendant 24 heures. L'énergie reiki est « intelligente » elle va directement à la cause du problème et non pas à la conséquence.

Cette énergie universelle et bénéfique pour tout ce qui vie, les animaux, les végétaux mais aussi les minéraux. Toutes les situations de notre vie peuvent aussi bénéficier de cette énergie pour établir une harmonie et un positionnement juste dans l'amour et dans la joie. Le reiki soutient tous les efforts, il permet de maintenir un équilibre dans notre vie.

Que l'on se situe dans une démarche d'évolution spirituelle ou dans une démarche simplement thérapeutique, le reiki facilite le processus d'approche et aide à l'obtention des résultats recherchés.

Technique d'une grande efficience, le reiki est doux, mais puissant, simple, mais efficace. De plus c'est une des rares méthodes holistiques que l'on peut appliquer aussi bien à soi-même qu'à autrui.

Le reiki est un chemin sans fin et différent d'une personne à l'autre, ce qui fait que chaque initié vivra des expériences uniques et différentes ; cela donne une richesse inestimable à cette méthode.

L'HISTOIRE DU REIKI

MIKAO USUI (1865 – 1926)

Mikao Usui est né dans une famille de samouraï, ce qui lui permit de pratiquer le kiko (version Japonaise du qi gong) dès l'âge de 8 ans. Une fois adulte, certaines sources, affirment qu'il aurait été dans la branche Bouddhiste de la Terre Pure (puisque le cimetière où il est enterré appartient à cette branche).

L'apprentissage spirituel et énergétique de Mikao Usui a été grandement influencé par ces quatre voies principales : Shintoïsme, Bouddhisme, les pratiques des Samouraïs et le Shugendo.

Nous ne savons pas grand-chose de la vie du Docteur Mikao Usui (Docteur en lettre) avant son Satori. Il dépasse la cinquantaine, se rapproche de la soixantaine et, malgré les cinquante ans de pratique spirituelle, il n'a toujours pas trouvé la sérénité ; il est conscient qu'il lui manque encore quelque chose. Il décide de faire pour la troisième fois de sa vie une méditation bouddhiste très complexe qui dure trois semaines et il choisit comme lieu de méditation la petite montagne Kurama, au Nord de Kyoto. Et à un moment donné, il vit un moment hors du commun, un satori ou « illumination ». En rentrant chez lui, il sent qu'une nouvelle énergie passe par ses mains et il est très confus. Mikao Usui sait parfaitement bien utiliser le KI mais ce qu'il, sent maintenant est très différent de ce qu'il connaît : il ne peut manipuler cette énergie, il ne peut lui imposer sa volonté d'aucune façon. Malgré cela, son bon sens lui dit que « Etant donné que tu sens cette énergie suite à l'expérience sur la montagne, ça doit être bon pour toi ».

Le docteur Usui dans un premier temps travailla dans un camp de mendiants dans les bas quartiers de Kyoto pour les soigner afin qu'ils puissent travailler, mais il remarquait que ceux qu'il soignait revenait dans le même état qu'avant. Lorsqu'il leur demanda pourquoi il ne prenait pas soin d'eux, ils se lui répondirent qu'ils aimaient mieux ne rien faire et que de toute façon, il les guérirait encore. Le Docteur Usui fut profondément secoué et attristé par leurs ingratitudes mais il comprit qu'il n'avait fait que soigner leur corps mais qu'il avait oublié la cause intérieure et il ne leur avait pas enseigné l'amour de la vie ni une nouvelle façon de penser et surtout la gratitude d'avoir un esprit sain dans un corps. Les jours suivants, il écrit « les idéaux du reiki ». Il comprit aussi, qu'il fallait un investissement personnel du receveur, d'où le principe de l'échange.

Il quitta le camp et fonda une organisation « Usui Reiki Ryoho Gakkaï », il y donne beaucoup de traitements et beaucoup d'initiations. Organisation qui est toujours active au Japon. Les non japonais ne peuvent pas y entrer.

Sur la stèle funéraire de Mikao Usui il est précisé qu'entre 1922, l'année de son satori et sa mort en 1926, il a initié plus de 2000 personnes, dont près de 70 ont fait le deuxième degré et parmi ces 70 personnes, 19 ont passé la Maîtrise.

CHUJIRO HAYASHI (1880 – 1940)

Parmi les élèves qui sont arrivés au niveau de la Maîtrise, il y avait un monsieur qui s'appelait Chujiro Hayashi, médecin, officié dans la marine Impériale. C'est un personnage très intéressant, en tout cas pour nous, parce que c'est par lui que le Reiki est arrivé jusqu'à nous. Il vient voir Mikao Usui en 1925 quand le Reiki devient très à la mode parmi les officiers de marine.

Dans l'enseignement au reiki de Mikao Usui, il y avait les kotodamas (des sons sacrés qui étaient donnés uniquement aux étudiants qui avaient décidé d'aller plus loin dans leur pratique du reiki, l'utilisation de ces sons sacrés conjointement à l'énergie permettait un développement spirituel très important aux yeux de Mikao Usui). Les officiers de marine dont faisait parti Hayashi ressentir un blocage complet au moment de recevoir les Kotodamas et n'arrivait pas à les utiliser. On dit même qu'ils ont simplement refusé de le faire. Évidemment, Mikao Usui à essayer de les convaincre en argumentant que dans pratiquement chaque système spirituel du monde on retrouve l'idée que « au commencement il y eu le verbe… » Et que dans beaucoup de systèmes il y a même des sons concrets, considérés comme des sons primordiaux, y compris au Japon dans le bouddhisme (le son OM) et dans le shintoïsme (le son SU).

Malgré tout cela, les officiers n'acceptèrent pas les Kotodamas !

La solution a été la création des symboles : en partant des Kotodamas, Usui a choisi des mots japonais qui contenaient ces sons et il a ajouté un dessin pour chacun de ces mots en tant que support mental, et voilà que les symboles ont été introduits dans le reiki !

Cette solution satisfait entièrement Hayashi et ses collègues puisque les symboles sont « concrets » et les utilisent donc sans réserve.

Quand Takata apprend le reiki II avec C. Hayashi en 1936, elle n'apprend que les symboles et on ne lui parle jamais des Kotodamas ; naturellement, c'est ce qu'elle transmettra à son tour. Seulement voilà qu'en l'an 2000 la situation change grâce à la rencontre d'un Maître de reiki, Chris Marsh et un élève direct de Mikao Usui, Suzuki – San.

Il est choisi par Suzuki – San pour partager ce qu'elle avait appris avec Usui lui-même.

De retour en Occident, Chris Marsh partagea ces informations avec les praticiens occidentaux.

Hayashi arrive rapidement au niveau de la Maîtrise et, après la mort de Mikao Usui, il reste dans l'organisation jusqu'en 1931, date à laquelle il décide de partir et de fonder sa propre école qu'il appelle Hayashi reiki Kenkyukai (le centre Hayashi de recherche Reiki).

Il est à noter aussi que C. Hayashi, en donnant la maîtrise à Takata ouvrit le reiki aux occidentaux, de par leur culture les japonais sont beaucoup plus intuitifs que nous, ils arrivent facilement à maîtriser les mains intuitives (reiji-ho). Il créa donc les protocoles de soins pour que les occidentaux et un support pour travailler.

HAWAYO TAKATA (1900 – 1980)

Ses parents étaient Japonais, mais elle est née à Hawaï. En 1935, à 35 ans, elle est veuve, avec deux enfants, elle est très pauvre et malade, mais,elle n'a pas d'argent pour aller voir le médecin . Selon la tradition de l'époque, Hawayo Takata doit apporter en personne la nouvelle du décès de sa sœur qui vit à Hawaii à ses parents au Japon. Pour se faire elle vend le seul bien quelle a, sa maisonnette, pour payer le billet de bateau, elle a aussi l'espoir de trouver là-bas une solution à ses problèmes de santé.

Et c'est exactement ce qui se passe : ses parents l'aident à aller voir un médecin qui, d'après le récit de Mme Takata même, lui trouve des calculs biliaires, un début d'appendicite et surtout une tumeur dans le ventre. Le médecin commence à la préparer pour l'opération sauf que l'Univers intervient : un jour, Mme Takata entend une voix qui lui dit que « l'opération n'est pas nécessaire ! ».

Mme Takata, n'étant pas une femme mystique, croit dans un premier temps qu'on lui fait une mauvaise blague. Ce n'est pas une blague et elle entend cette voix une deuxième et même une troisième fois de plus en plus nette et de plus en plus claire.

Elle prend alors « la voix » au sérieux et demande à son médecin s'il existe une autre façon de guérir, à part l'opération. A sa grande surprise, le médecin lui parle d'une méthode différente, énergétique et l'envoie vers Chujiro Hayashi. Elle va à la clinique de Hayashi où elle reçoit du Reiki pendant quarante jours de la part de deux personnes simultanément. Quand, au bout de quarante jours, elle retourne voir son médecin, elle n'a plus rien : pas d'appendicite, pas de calculs biliaires, pas de tumeur dans le ventre. Elle n'a vraiment plus rien !

Bien sûr, elle est plus qu'impressionnée. Elle retourne tout de suite au Centre de Hayashi et lui dit : »je ne sais pas ce que vous faites ici, mais je veux apprendre et faire comme vous ». Hayashi dit d'accord, bien, soit la bienvenue »... et elle commence l'apprentissage du premier degré. Pendant l'année qui suit, elle travaille dans la clinique de Hayashi le matin, et l'après-midi elle fait des soins à domicile, aux gens qui ne peuvent se déplacer. Au bout d'un an, elle reçoit son deuxième degré et décide de rentrer chez elle à Hawaii où elle ouvre son propre cabinet.

Elle a eu un très grand succès et c'est pourquoi elle invite Hayashi à venir à Hawaï en 1938 pour initier des américains. Par la même occasion, il donne l'initiation à la Maîtrise à Mme Takata qui devient ainsi le premier Maître de Reiki hors du Japon.

Hayashi est militaire, un jour en rentrant d'un de ses voyages auprès de Mme Takata, il apprend qu'il est soupçonné par son gouvernement d'espionnage. Apparemment, il n'a jamais fait d'espionnage, mais si ce soupçon planait sur lui, il devait sauver son honneur. Et la seule façon pour les militaires Japonais de le faire étant de se suicider.

Quand les Japonais ont attaqué Pearl Harbor en décembre 1941, elle a très peur avec ses origines Japonaise et deviens très discrète. Vers les années 50, Mme Takata recommence à donner des traitements et des initiations. Rapidement, la situation redevient parfaitement calme. Elle se met alors à voyager et à initier de plus en plus. Les années passent et au début des années 1970, elle se dit : « je suis le seul Maître de Reiki. J'ai déjà plus de 70 ans et bien que je sois en pleine forme, je ne vais pas vivre éternellement ». Etant donné que Hayashi n'était plus de ce monde et qu'elle n'avait pas maintenu de relation avec sa femme, elle ne connaissait personne d'autre qui faisait du Reiki au Japon ; elle croyait que tous les enseignants avaient disparu pendant la guerre. Sentant cette grande responsabilité peser sur ses épaules, elle commence à proposer la Maîtrise et jusqu'en décembre 1980, où elle décède d'une crise cardiaque, elle initie 22 Maîtres de Reiki.

Ces 22 maîtres de Reiki fondent une association, qu'ils appellent « L'alliance de Reiki ». Comme toute association, il faut un président. On suggère, la petite fille de Mme Takata, Phyllis Lei Furumoto. Une lutte de pouvoir se déclenche et une partie des Maître de Reiki de Mme Takata se déclare « Maître de Reiki indépendant ».

Si vous avez était initié, ou si vous avez acheté un livre sur le Reiki publié avant 2002, il est possible que vous trouviez une autre version de l'histoire du Reiki : c'est la version que Mme Takata racontait à l'époque. Version qui n'avait jamais été remise en question et qui rendait le Docteur Mikao Usui catholique où il aurait passé 7 ans à Chicago pour faire des recherches sur le Reiki. Grâce à cet élément complètement naïf, les américains ont accepté l'histoire de Mme Takata sans la remettre en question, sans faire les moindres recherches et Mme Takata pu enseigner le Reiki après la guerre sans aucun problème.

L'INITIATION AU REIKI

Le reiki est enseigné, en règle générale, au cours de séminaires qui se déroulent sur deux jours. Son enseignement est divisé en plusieurs degrés, je précise qu'il ne s'agit pas de promouvoir « une course aux degrés ». Pour vous donner un ordre d'idées, mon Maître Serge à initié environ 600 personnes au premier degré, environ 500 personnes au second degré, plus ou moins 60 personnes au troisième degré, et 3 Maîtres enseignants. Chacun des degrés peut être considéré comme une fin en soi, une acquisition de notions théoriques et de techniques immédiatement applicables. Quand on est initié au reiki, on l'est à vie. L'outil est toujours là, prêt à servir. Plus on l'utilise, plus il devient puissant. Si on le pose un temps, on le retrouve tel qu'on l'avait laissé.

Je conseille toujours à mes élèves de ne pas passer leur degré supérieur par curiosité ou vanité, il est beaucoup plus bénéfique de s'écouter. Si vous devez passer au degré supérieur l'énergie universelle vous le fera savoir. A titre personnel, j'ai passé mon second degré trop tôt, il m'a fallu quelques mois de travail supplémentaire pour pouvoir en tirer tout le bénéfice. Pour le troisième degré ; je me suis levé un matin en ayant la conviction que c'était le moment, j'ai téléphoné à mon maître et il m'a annoncé que le stage annuel de troisième degré qu'il organisait avait lieu dans trois semaines. Pour la maîtrise, je lisais un livre sur la Préhistoire et dans mes rêves, je me retrouvais guérisseur à cette époque et mon souci principal était de ne pouvoir transmettre ce savoir à mon peuple. J'ai fait ce rêve trois nuits consécutives, j'ai hésité à en parler à mon Maître, mais j'ai reçu un coup de téléphone d'une praticienne de reiki qui était elle aussi troisième degré et qui allait passer sa maîtrise avec Serge incessamment. A ce moment, j'ai compris que je devais passer ma maîtrise. Mon Maître Serge formait 3 maîtres enseignants de reiki à cette session là et il décéda quelques mois plus tard.

17

Pour pouvoir pratiquer le reiki, il n'existe qu'une seule solution : l'initiation. L'initiation est à prendre ici dans son sens originel de transmission d'énergie. Elle consiste à ouvrir un canal d'accès à l'énergie universelle. Elle repose sur des règles très simples mais pourtant nécessaires.

1.1° Le respect de la chambre noire

Le postulant aura les yeux fermés pas tant pour garder secret ce que l'on fait (quoi que nous ne l'aborderons qu'à la maîtrise) mais plutôt pour préserver le caractère sacré du rite initiatique car l'initiation est une aventure extraordinaire et sacrée qui va connecter le postulant à la sublime dimension de l'énergie, de façon définitive.

1.2 L'importance du choix du maître en lien avec la dimension d'échange

Dans toutes les écoles de reiki Usui, on retrouve toujours la même base : quatre initiations au premier degré, deux initiations au second degré, une initiation au troisième et une au quatrième. Il est très important à mes yeux de choisir un maître enseignant de reiki qui vous corresponde : n'hésitez pas à aller le rencontrer physiquement à parler avec lui. Je vous conseille de recevoir un soin de sa part avant d'être initié, afin de mieux ressentir son énergie et de connaitre le reiki en tant que receveur. Pensez aussi à tester sa disponibilité en le contactant à chaque fois que vous avez une question, cela vous permettra d'être sûr qu'il restera disponible après votre initiation au reiki, si vous veniez à avoir des questions ou si vous aviez besoin d'éclaircissements sur la formation qu'il vous a donnée. Ne partez surtout pas sur une formation à distance. Je pense, en effet, que comme nous sommes capable de faire des soins à distance, il est possible de faire une initiation à distance, mais, le reiki ce n'est pas que l'initiation . Même si elle a une place très importante, il y a aussi la formation pour apprendre à se servir de cette énergie et cela ne peut pas s'apprendre à travers un livre qu'on vous a envoyé par Internet : l'échange avec le groupe et le maître que vous avez choisi en écoutant votre cœur seront d'une très grande efficacité pour votre développement spirituel.

1.3 La période de purification

La dernière des règles absolument incontournable est la période de purification de 21 jours d'auto traitement après chaque initiation à un nouveau degré (une de mes élèves jugeait inutile cette période de purification, elle voulait aller vite pour pouvoir « arrondir ses fins de mois ». Elle a décidé d'aller passer le second degré avec un autre maître sans lui dire qu'elle n'avait pas fait cette période de purification : le résultat est que le reiki n'est jamais venu à elle comme elle l'avait espéré).

Pourquoi 21 jours de purification ?

Le choix de 21 jours correspond au nombre de jours que Mikao Usui a passé sur la montagne kurama avant d'avoir son Satori. Depuis nous travaillons notre reiki sur des périodes de trois semaines.

Sous l'effet de l'accélération du rythme vibratoire du corps physique et du corps éthérique, les énergies résiduelles, denses et négatives remontent à la surface et sont libérées. Selon la théorie d' Einstein, la matière solide n'existe pas, tout est composé d'énergie plus ou moins dense et donc animé de vibrations. Le rythme vibratoire de nos corps est inférieur à celui des ondes émanant de l'initiation au reiki et l'accroissement soudain du taux vibratoire déclenche et accélère le processus d'élimination d'anciennes énergies négatives enracinées dans notre système. C'est par la rapidité du taux vibratoire qu'est mis en branle la libération des émotions et des sentiments refoulés, condition indispensable à l'élargissement de la conscience.

Après cette période de purification, vous noterez sans doute quelques signes extérieurs typiques : sensations étranges, bouleversements physiques ou émotionnels, rêves divers, pour ne citer que quelques-uns des changements susceptibles d'intervenir à différents niveaux du corps physique et du corps éthérique. C'est pour cela que certains nouveaux initiés pourront avoir des sensations désagréables dans un premier temps, en particulier lorsque l'énergie négative est éliminée. Mais si lors de ces expériences vous adoptez une attitude positive en les acceptant, sans y attacher une trop grande importance, elles se dénoueront et disparaîtront sans encombre. La poursuite de l'auto traitement après la période de purification initiale augmentera les effets du processus entamé tout en affinant votre capacité énergétique à mesure que vous vous débarrasserez des émotions et des schémas inadéquats vous sentiraient un sentiment de gratitude vous envahir grâce auquel vous atteindrait un plus haut niveau d'abondance dans tous les domaines.

1.4 Qui peut être initié ?

Tout le monde y compris des enfants à condition que l'un des parents soit initié, avec suffisamment d'expérience pour pouvoir guider l'enfant (âge minimum 7 ans pour les filles et 8 ans pour les garçons) . A titre personnel j'ai initié au reiki des membres du corps médical, sophrologue, magnétiseur, ingénieur, étudiant, sans diplômes, sportifs de haut niveau, l'état de santé n'est pas un problème, j'ai initié des personnes malades, et des personnes handicapées. Et je peux vous garantir que le résultat obtenu avec le reiki n'est pas en corrélation avec le niveau d'études ou de condition physique. Pas besoin d'apprentissage, pas besoin de préparation, il faut seulement un désir sincère d'évolution et/ou le sentiment d'être appelé par cette force de vie.

2) LE PREMIER DEGRÉ

Il consiste en quatre initiations reçues en deux jours. La personne est transformée en canal, en outil ayant le pouvoir de transmettre l'énergie captée. Ses mains deviennent sensibles à la présence des déséquilibres dans le corps, le sien ou celui d'autrui et répondent à toute demande d'énergie. Les mains réagissent souvent par des sensations de chaleur ou de picotement tant que le besoin d'énergie se fait sentir.

Des protocoles de traitement du corps (aussi bien sur soi que sur les autres) et une technique subtile de rééquilibrage des centres d'énergie majeurs sont enseignés.

Enfin, on apprendra à garder toujours présent à l'esprit que le reiki travaille toujours sur les différents plans de notre être, même si l'on privilégie le traitement au niveau du corps.

À titre personnel, j'ai un très bon souvenir de mon premier degré ma découverte du reiki. En tant qu' enseignant, c'est un merveilleux moment que de voir le regard émerveillé des nouveaux pratiquants quand il découvrent qu'ils font eux aussi du reiki.

3) LE SECOND DEGRÉ

Ceux qui souhaitent aller plus loin dans cette méthode accèderont au second degré qui consiste en deux initiations reçues en deux nouvelles journées de stage.

La puissance sera accentuée, donnant ainsi des résultats plus rapides et plus profonds. Grâce à ce qui sera donné, sous la forme de symboles notamment, on pourra effectuer des traitements au niveau du mental, c'est-à-dire agir sur les causes mentales des maladies ou désordres. On pourra traverser l'espace en ce sens que l'on aura la possibilité d'agir à distance aussi bien au plan physique que mental ; enfin on pourra traverser le temps c'est dire que l'on pourra envoyer l'énergie aussi bien dans le présent, dans le passé ou le futur.

Un grand nombre de possibilités et de champs d'expériences s'offrent ainsi à nous.

Quand je suis rentré de mon stage de second degré, j'étais très sceptique sur ce que nous avait enseigné Serge : il me suffisait donc de dessiner un symbole et de pouvoir faire un traitement à distance ? Mon épouse étant plus ouverte que moi sur ce type d'expérience me conseilla d'essayer, ce que je fis immédiatement en faisant un soin sur ma belle-mère à distance. Je l'appelais ensuite : quelle ne fut pas ma surprise quand elle me dit que sa douleur au cou avait disparu. En tant qu'enseignant, je sais que c'est à ce niveau que les questions affluent après le stage, et je retrouve mes doutes dans certain(e)s de mes élèves. Je sais aussi par expérience que c'est le degré où la plupart des praticiens s'arrêtent, et que le travail est long pour intégrer ce degré, mais il faut savoir qu'entre le premier et le second degré de reiki, le praticien possède 85 % des traitements.

4) LE TROISIÈME DEGRÉ

C'est un degré très particulier : c'est le degré du développement spirituel. Il est en effet composé à 80 % de travail sur soi-même et pour progresser à ce niveau, il est nécessaire de fournir un travail journalier après les deux journées de stage et son initiation, au-delà des 21 jours de purification. Mais il est une étape indispensable vers la maîtrise.

À ce niveau-là, le travail qu'il me demanda me permit de faire la paix avec une partie de mon passé. En tant qu'enseignant, c'est un degré très intéressant à enseigner, en raison d'une part du travail qu'ont déjà fourni les postulants, et d'autre part de leur motivation.

5) Le quatrième degré ou la maîtrise

C'est un degré très important car à l'issue de la formation les postulants seront des maîtres enseignants de reiki. Il est bon à mon sens de reprendre tous les degrés un par un pour être sûr que les futurs enseignants ont assimilé les techniques précédentes.

Pour ma part, ce fut le degré où je me demandais si j'en étais vraiment capable. Mais je savais que si mon maître m'avait fait passer la maîtrise, c'est que j'en étais capable. Selon son exemple, ce n'est pas une question d'argent mais plus une question de responsabilité. Autrement dit, j'essaie de choisir en mon âme et conscience les Maîtres qui me succéderont sur ma « lignée ». Je me permets d'attirer le regard des enseignants vers la maîtrise, en leur demandant de regarder dans les arts martiaux. Quand ces derniers ont été apportés en Europe, ils étaient composés de plusieurs niveaux : technique, spirituel… Pour certains d'entre eux des points d'accu pression étaient enseignés. Or, à vouloir développer leur art dans un esprit « occido-centré », il ne reste plus que la technique et même à l'extrême parfois uniquement les techniques simples. Il me paraît dommageable pour le reiki que l'on tombe dans le même travers.

6) La pratique professionnelle

Je n'ai pas d'apriori sur les gens qui veulent vivre du reiki, mais il y a certaines règles à respecter selon moi. La première, qui n'est pas des moindres : c'est le reiki qui va choisir si vous allez en vivre ou pas. C'est-à-dire que le travail personnel qu'il implique ne peut être fait que par passion, vous ne pourrez pas faire semblant bien longtemps. Certaines personnes me contactent pour être initiées au reiki et parmi les premières questions qu'elles me posent : « *est-ce que je peux mettre a mon compte de suite après la formation ?* ». Quand je leur dis que ce n'est pas possible, elles me répondent que l'on peut faire un soin à autrui après le premier degré et que le premier degré dure deux jours, je leurs réponds inlassablement que mon fils de cinq ans sait faire du vélo ce n'est pas pour autant qu'il est professionnel.

Par ailleurs, j'aime à faire ce parallèle avec le Moyen Âge. Si les chevaliers s'entraînaient tous les jours pour être efficace sur le champ de bataille, c'était certes une question de vie ou de mort pour eux mais aussi une question d'honneur envers leurs seigneurs. Le praticien de reiki a le même devoir envers le patient qui vient le voir en toute confiance pour l'accompagner dans sa maladie : c'est une question de vie ou de mort pour lui. Méditations, auto traitement, vie saine seront son lot quotidien afin de pouvoir gagner les batailles (ou la guerre dans le cas d'une guérison totale).

Je ne voudrais pas être à la place d'un praticien « *professionnel* » (dans le sens où c'est son activité rémunératrice unique) qui aurait perdu un patient, en ayant conscience qu'il n'a pas fait son maximum ou ce qu'il devait faire.

7) La lignée de Maîtres

La lignée de Maître est une chaîne ininterrompue qui part de Mikao Usui et qui arrive jusqu'au maître que vous avez choisi à l'heure actuelle. Le monde du reiki est partagé entre ceux qui ont la lignée et ceux qui ne l'ont pas. À travers l'association lucki que je préside, je suis amené à rencontrer d'autre maîtres, ainsi que des praticiens formés par d'autres enseignants. La qualité de l'enseignement réside plus par l'intention qui est mise dans la formation que dans la possession de cette lignée. Mais la lignée est nécessaire si vous désirez en faire une activité professionnelle ou associative, cela vous permettra de vous faire référencer à une des fédérations de reiki. La lignée vous sera aussi très utile pour avoir accès à certaines formations. Je n'ai pu passer ma maîtrise reiki Karuna® qu'en prouvant par ma lignée que j'avais une maîtrise en reiki Usui.

SPIRITUALITE ET REIKI
LES CINQ PRINCIPES SPIRITUELS DU REIKI

Suite à son expérience dans les camps de mendiants, Mikao Usui comprend l'importance de la spiritualité dans sa méthode de soin. Lui la possédait déjà, mais il fallait que dans le reiki, il y ait un développement spirituel. Il crée les cinq principes spirituels auxquels il ajoute la méditation Gassho, qu'il conseille de pratiquer matin et soir en disant que c'était 50% du reiki. Le soin permet de soigner le corps physique ; les cinq principes et la méditation permettent de soigner l'âme.

À sa mort, les maîtres de reiki qu'il avait initié ont posé une stèle sur sa tombe, sur laquelle était inscrit l'enseignement des cinq principes spirituels donnés par Mikao Usui.

La méthode secrète pour inviter le bonheur,
Le remède universel contre tous les maux :

Aujourd'hui, je ne me fais pas de souci.

Aujourd'hui, je fais mon travail honnêtement.

Aujourd'hui, je ne connais pas la colère engendrée par la peur.

Aujourd'hui, j'ai respect et amour pour tout ce qui est.

Aujourd'hui, je suis reconnaissant car je suis béni.

Matin et soir, assieds-toi dans la position Gassho[1] et répète ces mots dans ton cœur et à voix haute.

Le corps et l'esprit se développeront mieux grâce à l'enseignement du reiki d'Usui.

Le fondateur, Mikao Usui

Vous pouvez constater que chaque principe commence par le mot « aujourd'hui ». Ceci est une invitation à considérer un jour après l'autre. Il est inutile et néfaste de mettre de l'énergie dans ce qui est passé ou dans ce qui n'est pas encore présent.

C'est donc une invitation à vivre pleinement son présent. Ceci dit, il y a une subtilité. Vivre pleinement son présent ne veut pas dire être totalement dans l'instant. On peut vivre pleinement son présent tout en ayant une vision à travers le temps. Le tout est de ne pas projeter son énergie dans ce qui n'est pas, car c'est en pure perte. Vivre pleinement son présent au niveau de l'Energie, voilà ce que nous avons à réaliser.

Les cinq principes spirituels énoncés ci-dessous ne reprennent pas mot à mot la traduction littéraire transmise par Takata. J'ai préféré en donner une version plus adaptée, me semble-t-il, à notre époque et à notre civilisation. Mais l'essence est scrupuleusement respectée, et les principes spirituels selon Mikao Usui sont à considérer dans un cadre universel et dans un esprit de totale liberté.

1) AUJOURD'HUI, JE NE ME FAIS PAS DE SOUCI

Se faire du souci c'est oublier que chaque chose dans l'univers a sa raison d'être. Si nous sommes en parfaite harmonie avec notre être profond, si nous vivons chaque jour pleinement, nous sommes alors conscients d'avoir fait le maximum en notre pouvoir, le reste relève de l'énergie universelle. Le souci est une forme de pensée

---

1gassho pour plus de détails voir le paragraphe Méditation

causée par un sentiment de perte de la maîtrise du Soi supérieur. S'inquiéter du passé est vain, car dans toutes les situations de la vie, chacun de nous agit au mieux de ses compétences et de la sagesse dont il dispose à un moment donné. Nous sommes le produit de notre propre conditionnement et réagissons en conséquence. Si une action passée vous donne des remords et que vous ne pouvez rien y changer, comprenez qu'elle est le fruit de vos capacités et des circonstances du moment. Soyez donc reconnaissant de la leçon et poursuivez votre route. Pensez également que les injustices dont vous avez été victime étaient le résultat d'actions d'individus eux-mêmes conditionnés. Souhaitez-leur du bien, en espérant qu'eux aussi en auront tiré une leçon.

S'inquiéter de l'avenir est également stérile. Même ce qui vous paraît négatif dans un premier temps peut se révéler riche d'enseignement dans l'avenir. Vous avez de quelque manière, même inconsciemment, aidé à créer cette situation, et ce n'est pas sans raison. Soyer donc reconnaissant d'en être libéré et passez votre chemin. Du moment que vous avez accompli la part des choses qui vous revient, soyez confiant. L'inquiétude provoquée par une forme de pensée irrationnelle crée des barrières supplémentaires qui nous isolent de notre conscience. Aujourd'hui, laissez votre être profond prendre les rênes, et libérez-vous de vos soucis.

2) AUJOURD'HUI, JE FAIS MON TRAVAIL HONNÊTEMENT

L'une des règles fondamentales d'une vie harmonieuse est l'honnêteté envers soi-même dont résulte le sentiment d'amour-propre. Mais cela implique que l'on affronte toute vérité sans détour. Combien d'individus vivent dans un univers de fantasmes et n'ont du monde réel qu'une vision tronquée. Cette absence de lucidité conduit généralement au désordre. Il n'est certes pas facile dans notre monde de toujours regarder la vérité en face. Mais si nous voulons bien examiner notre comportement avec lucidité, nous y découvrirons le rôle que jouent les situations et les êtres dans notre vie, et nous apprendrons le sens du terme compassion.

Accepter la vérité, c'est être en accord avec la finalité du Soi, c'est aussi la manière de vivre la plus simple, car la vérité est synonyme de lumière. Regarder la vie avec une parfaite honnêteté permet de discerner plus aisément les leçons qu'elle nous enseigne et de les assimiler avec moins d'efforts. Les fantasmes engendrent un monde complexe dans lequel le refus du réel élabore un tissu de mensonges qui, s'il protège de la vérité, crée un véritable labyrinthe dont on devient prisonnier.

Soyez sincère avec vous-même, et vous constaterez la valeur d'exemple qu'aura cette qualité sur votre entourage. Il devient alors facile d'appliquer la maxime : « *fais aux autres ce que tu aimerais qu'ils fassent envers toi* ». Faire son travail consciencieusement, c'est se mettre en accord avec son être profond. Cette vérité se double d'un sentiment d'amour, pour soi-même et pour autrui, créateur d'harmonie dans la vie. Aujourd'hui vous regarderez la vérité en face et ferez votre travail honnêtement

3) AUJOURD'HUI, JE NE CONNAIS PAS LA COLÈRE ENGENDRÉE PAR LA PEUR

La colère est une émotion vaine en tout point. Comme la plupart des réactions inadéquates, elle est fondée sur un sentiment de perte de la conscience universelle. La colère traduit le désir de contrôler une situation dans laquelle la maîtrise des événements nous échappe, où nous nous trouvons en désaccord avec notre être profond (c'est-à-dire le but universel de la vie). Nombre d'individus s'en remettent à leur ego pour l'orientation du cours de leur vie, au lieu de suivre les conseils de leur nature profonde à même de les orienter dans le flux naturel et harmonieux de la vie. L'ego est sujet à des désirs et des aspirations inappropriés qui nous exposent à maints tourments.

Lorsque nos ambitions épuisent nos forces vives et que nous nous emportons contre les personnes de notre entourage qui ne s'avèrent pas à la hauteur de nos objectifs ou de nos désirs, nous oublions trop facilement que ceux qui nous entourent ne sont que le reflet de nous-mêmes. Chacune de nos pensées produit une cause dont l'effet peut se manifester au moment où nous l'attendons le moins. En fait, chaque situation est un miroir, la réflexion directe d'une cause et de l'effet que nous avons créé. S'il arrive que quelques personnes déclenchent notre colère ou dévoilent nos points faibles, nous ne pouvons les tenir pour responsables de notre emportement, chacun doit apprendre. Nous réagissons vis-à-vis les uns des autres par besoin mutuel d'assimiler certaines leçons. Ce sont eux qui nous permettent de découvrir les faiblesses de notre égo. C'est en observant nos réactions à l'égard des autres que nous pourrons identifier les problèmes sur lesquels échoue notre conscience, et que nous serons en mesure de modifier les schémas négatifs. Dorénavant, lorsque quelqu'un déclenchera votre colère, affrontez vos émotions, afin de prendre conscience de vos faiblesses, car elle vous permettra de progresser.

Soulignons enfin que la colère ne doit pas susciter un sentiment de culpabilité chez celui qui l'éprouve. Cette tendance fait partie de nos schémas depuis tant de générations, qu'il s'avère bien difficile de la réprimer quand la colère des autres nous blesse. A fortiori dans notre société, l'Homme consacre le meilleur de lui-même à ses ambitions, aussi dès qu'il sent les choses lui échapper, il prend tout au pied de la lettre, et le sentiment de désarroi qui en résulte déclenche son indignation. Lorsqu'on s'efforce d'amender son comportement, il convient de libérer les émotions, de ne pas contenir la colère, mais plutôt de tempérer ses actions en exprimant avec calme les sensations ressenties face au comportement négatif d'un tiers. Si celui-ci persiste sur un ton provocateur, il est préférable de refuser l'affrontement, afin de retrouver la maîtrise de soi. Quand un incident est sur le point de se déclarer, la conduite idéale consiste à réprimer toute réaction intempestive, et de s'imprégner d'un sentiment de générosité. Peut-on éprouver de la colère quand on a le sourire aux lèvres ? Celui-ci aura peut-être même pour effet de désamorcer la mauvaise humeur du provocateur.

La colère est une énergie dissonante qui peut engendrer la maladie du corps physique. Il est donc préférable d'apprendre à transformer cette énergie par une approche constructive. Aujourd'hui ne vous mettez pas en colère, soyez reconnaissant.

4) AUJOURD'HUI, J'AI RESPECT ET AMOUR POUR TOUT CE QUI EST

S'il est clair que nous sommes tous issus d'une même origine, toutes les manifestations de vie sont interdépendantes. Les dommages que nous faisons subir à notre planète (dus à l'ignorance des lois subtiles de l'écologie), nous ont amenés à la conclusion que la survie de l'humanité dépend de sa volonté de remplacer l'égoïsme qui l'induit à monopoliser la nature, par le respect de toute forme de vie.

La physique reconnaît aujourd'hui que nous sommes tous issus de la même source d'énergie, et que la matière solide n'est elle-même qu'une énergie animée de vibrations différentes. Toute matière vibre, mais à des niveaux divers, et cependant toutes sont interconnectées, car aucune barrière solide ne sépare les corps. On peut donc admettre que le fait d'accepter les multiples facettes de notre personnalité aura un effet sur les êtres qui nous entourent. De la même manière que de reconnaître les leurs nous affectera en retour. Par conséquent, toute énergie positive, dirigée vers nous ou vers autrui, contribue à la transformation de la planète. Chaque personne, animal, plante ou minéral participe du Tout. Aimer et respecter les autres, c'est témoigner amour et respect envers nous-mêmes et notre terre nourricière.

5) AUJOURD'HUI, JE SUIS RECONNAISSANT CAR JE SUIS BÉNI

Si vous ne voyez que ce qui vous manque, vous continuerez dans la voie du besoin. Si au contraire vous demeurez conscient de l'infinie abondance qui vous entoure, et reconnaissant de ses bienfaits, vous en bénéficierez de manière croissante. En d'autres termes, Etre habité par un sentiment de gratitude envers la vie, c'est vivre dans l'abondance. Si nous entretenons cet état de pensée, non seulement la reconnaissance des bienfaits reçus, mais aussi la confiance qu'ils nous seront toujours accordés, nous serons un pôle d'attraction pour l'abondance. L'un des concepts fondamentaux sur lesquels sont fondées les grandes philosophies et les religions anciennes est celui de la profusion. Ces dernières enseignaient que se comprendre soi-même c'est comprendre Dieu, que l'introspection permet de changer la peur en amour, l'ignorance en sagesse et la pénurie en abondance. Rien ne manque, sur cette planète, seul le mode de répartition des ressources est défectueux, parce que fondé sur notre conviction de pénurie, sans parler de la cupidité des hommes, elle aussi engendrée par la crainte du besoin.

Etre reconnaissant, c'est admettre dans son for intérieur que l'on participe au mouvement universel et que le sentiment d'isolement que nous éprouvons n'est qu'illusion. Savoir accepter l'abondance qui vous revient de droit est également important. Car, si dans votre subconscient vous estimez ne pas être digne des richesses de l'univers, vous faites obstacle au flux de l'abondance. Cet état de chose qui vient de loin a engendré un malaise empêchant même ceux qui pourtant semblent vivre en accord avec les lois de l'harmonie universelle de parvenir au sommet de la réussite et de la prospérité. Il revient à chacun de sonder les causes de ce problème. Dans la plupart des cas l'esprit de réussite est, soit ignoré, soit atrophié. Or, l'énergie vitale universelle peut réhabiliter cette fonction naturelle. Une fois cet objectif atteint, la voie au succès et à la prospérité sera libre. Dans le royaume de l'absolu, chaque action, et chaque cause, est couronnée de succès. Si certains des individus n'atteignent pas ce résultat, c'est qu'il existe chez eux un déséquilibre et qu'ils sont fermés à sa réalisation.

Quand vous aurez pris contact avec l'énergie vitale universelle, et que tout votre corps en sera pénétré, vous porterez votre attention sur la notion de succès, de richesse, en rapport avec tous les aspects de votre vie. Cette énergie développe les capacités du soi en ouvrant des canaux pour recevoir son flux dont la puissance énergétique établit un rapport avec les désirs de l'être. L'étape suivante nécessite un effort constructif, orienté vers le but fixé. Le seul recours aux formules affirmatives de succès ou de prospérité ne peut suffire à les matérialiser. Pour y parvenir, la pensée positive doit être soutenue par l'énergie vitale, la force fondamentale de l'univers. L'attraction produite par les courants énergétique de cette énergie, doublée d'une action constructive, vous permettront de recueillir une plus grande abondance. Une discipline est donc nécessaire pour actualiser ce flux de prospérité. En soi, l'effort permanent que doit fournir la conscience pour entretenir le sentiment de gratitude favorisera l'attraction énergétique de l'abondance. Le traitement personnel viendra à son tour modifier les vieux schémas inconscients qui faisaient barrage au flux de prospérité. Apprenez à vivre dès aujourd'hui dans l'abondance, et soyez reconnaissant.

LA MEDITATION

Au cours de mes années d'enseignement du reiki, je rencontre très souvent des réticences par rapport à la méditation. Il faut arrêter de croire que la méditation est réservée à une poignée de moines bouddhistes qui ne font que cela pendant des heures. La méditation est ouverte a tous et à toutes, et ceux qui en ont le plus besoin sont souvent ceux qui en ont le plus peur. A titre personnel, je fais méditer ma fille de 8 ans tous les jours. Au début, au bout d'une minute je la retrouvais la tête en bas et les pied en l'air, mais à force de séances courtes mais répétées nous arrivons maintenant à méditer 5 minutes tous les jours. Alors n'ayez pas peur de la méditation, commencez petit à petit et augmentez votre temps quand vous êtes à l'aise, afin d'arriver à 20 minutes par jour.

Il existe plusieurs méthodes de méditation, il y a bien sûr la méditation religieuse mais aussi, une méditation laïque qui depuis peu, entre dans toutes les sphères de la société, pratique individuelle de loisirs, à l'hôpital, dans certaines écoles, les prisons, l'armée et dans le monde de l'entreprise….

1) LES BIENFAITS DE LA MÉDITATION

Depuis une vingtaine d'années, les recherches sur le sujet ont mis en évidence une foule de bienfaits.
Une étude conduite à l'hôpital général du Massachusetts et publiée en 2011[2] à montré que des changements surviennent après huit semaines d'entraînement à la méditation. Il n'y a pas de mesure du temps pour l'évolution spirituelle. Tout dépend de l'autodiscipline de chaque pratiquant, de la fréquence de ses méditations et de la détermination qu'il y met.
Cette étude a fait ressortir sept vertus démontrées scientifiquement :

2Toutes les références à des études scientifiques sont tirées du magazine « *Ca m'intéresse* » n° 383 de janvier 2013.

- **plus de concentration** : soumis à une tâche répétitive demandant une attention soutenue, les personnes ayant pratiqué la méditation se concentrent mieux et de manière plus constante que les non pratiquants. Après un entraînement intensif, la personne ne fournit presque plus d'efforts pour focaliser son intention la tension reste « collée » sur un événement ou une tâche mais reste disponible pour tout ce qui peut survenir dans le flux de la conscience.

- **Moins de stress** : plusieurs études ont montré l'efficacité du programme de réduction du stress basé sur la méditation. La méditation agit non seulement sur le stress, mais aussi sur l'anxiété et leurs manifestations (perte de sommeil, irritabilité…). La méditation irait jusqu'à inhier l'expression de plus de 2000 gènes liés au stress (responsable d'inflammation, de production de cortisol…). Même chez les débutants, une fois qu'une pratique régulière s'est installée, on note une diminution de l'expression de ces gênes !

- **Une meilleure santé** : une équipe de chercheurs a vacciné contre la grippe des méditant et des non méditant. Après le vaccin, le système immunitaire des méditants avait mieux réagi. A propos de la circulation sanguine, une étude américaine publiée en 2009 montres que 15 à 20 minutes de méditation par jour peut réduire le taux d'accidents cardiaques de 47 % après cinq ans, pour une population à risque. Une autre étude sur des adolescents prouve que deux séances quotidiennes de 15 minutes font baisser l'hypertension… Et que leurs résultats scolaires seraient meilleurs ! Enfin, au moins cinq études révèlent que méditer diminue le risque de rechute chez les dépressifs autant qu'un traitement antidépresseur.

- **De cerveau remodelé** : la concentration et l'épaisseur de substance grise augmente dans l'hippocampe gauche, en lien avec l'apprentissage et le contrôle des émotions, ainsi que dans des zones associées à la perception sensorielle, à la régulation émotionnelle et cognitive de la production de neurotransmetteurs qui jouent notamment sur l'humeur.

- **La douleur apprivoisée** : les chercheurs ont comparé, par imagerie cérébrale, la réaction de méditants confirmés et de débutants. Puis, ils les ont soumis, en état de méditation, à une douleur intense et répétée : une brûlure sans effet, mais à la limite du supportable. Les deux groupes ont perçu la douleur avec la même acuité, mais elle était moins désagréable pour les méditants confirmés. L'imagerie cérébrale révèle que chez ses derniers, les réseaux neuronaux impliqués dans l'anxiété s'activent moins avant le stimulus, et que les régions du cerveau liées au ressenti de la douleur reviennent plus vite à la norme après.

- **Être meilleur avec soi et les autres** : chez les méditants expérimentés des chercheurs ont montré une suractivité de la zone du cerveau lié aux émotions altruistes. Ainsi qu'une moindre activation de l'amygdale, associée à la colère et à la peur.

- **Une arme antivieillissement** : après trois mois de méditation, les chercheurs ont noté une augmentation significative de l'activité de la télomérase, une enzyme qui protège l'ADN et préserve la vie des cellules. Une baisse de cette activité est associée au stress et à la détresse psychologique, et accélère le vieillissement. Une autre étude portant sur les pratiquants réguliers du bouddhisme zen montre qu'ils sont moins sujets au déclin des facultés d'attention qui accompagne habituellement le vieillissement.

En outre le volume de matière grise des aires du cerveau lié à l'attention n'a pas diminué avec l'âge chez ces personnes. La méditation semble donc réduire le déclin cognitif associé aux vieillissements.

Il existe de nombreux outils qui peuvent vous aider à atteindre cet état, comment se concentrant sur la respiration, sur le chant d'un mantra ou en se concentrant sur la visualisation d'un symbole. Quel que soit le chemin que vous aurez choisi de suivre, il vous mènera toujours au même objectif. Le conseil que je vous donne est de choisir une méthode de méditation et de la suivre pendant une période afin de voir si elle produit des effets sur vous. Comme nous sommes très différents avec des qualités et des personnalités différentes une méthode de méditation peut être plus ou moins rapidement efficace. Mais le progrès spirituel n'est pas mesuré comme pour le progrès matériel. Vous faites des progrès quand vous vous sentez plus en paix, quand l'esprit peut se concentrer avec facilité.

Mais quelle que soit la façon de méditer que vous choisirez, la méditation vous mènera au même endroit car elle vous permettra de vous écouter, de reconnaître et d'affronter vos peurs, traumatismes et instabilité émotionnelle. Elle vous permettra de trouver la paix intérieure « *la connaissance réelle et pure de soi* ». Elle nous invite ainsi à changer, si ce n'est le monde, au moins le regard que nous portons sur lui en nous débarrassant de nos préjugés et en nous facilitant la relation aux autres.

Mikao Usui n'enseignait qu'une seule méditation à ses élèves « *Gassho* » (Gassho en Japonais veut dire deux mains qui se rejoignent).

La position pour la méditation *Gassho* n'est pas importante : en lotus, les jambes croisées ou assis sur une chaise… La seule constante est de garder le dos droit : pour cela on peut s'appuyer contre un mur ou s'aider du dossier de la chaise. Au début, vous devrez consacrer un peu de temps à trouver une position confortable et que vous pourrez tenir sans effort le plus longtemps possible, mais, il faudra respecter son corps, ses imperfections et les corriger petit à petit.

Fermez les yeux et relaxez-vous. Joignez les mains devant le cœur dans la position *Gassho* (mains jointes comme en prière). Vous vous concentrez sur ce que vous désirez : le contact des deux doigts majeurs, votre respiration, un mantra ou un des cinq principes spirituels du reiki (pour les praticiens de reiki l'importance des cinq principes spirituels est telle qu'en méditant , on les comprendra mieux et on arrivera plus facilement à vivre tous les jours avec). Cela peut aussi être un symbole (à partir du second degré de reiki). Ignorez ensuite ce qui se passe autour de vous. Quand on a une pensée autre que notre méditation il ne faut pas culpabiliser, mais la laisser passer et revenir sur notre méditation. Petit à petit, il y aura de moins en moins de pensées parasites, jusqu'à l'obtention d'un état méditatif de 15 à 20 minutes.

Si au bout d'un certain temps, cette position est fatigante pour vos bras, laissez vos mains descendre lentement en gardant toujours l'intention sur votre méditation.

Le sentiment que votre séance de méditation a été courte alors qu'elle a duré un certain temps en réalité est le signe que vous progressez. S'il vous semble que vous y avez passé du temps alors que ce n'est pas le cas, vous devriez raccourcir la durée de vos séances. Cela est très important au début : modérer l'effort sur la durée est important, quelle que soit votre activité. En effet, on provoque souvent son propre échec en travaillant très dur au début, en essayant de trop en faire, puis en abandonnant après. Un flux constant d'efforts modérés est requis, ainsi lorsque vous méditez, montrez-vous habile en effectuant des séances fréquentes et courtes. La qualité de vos séances est plus importante que la durée.

LE SOIN ÉNERGÉTIQUE

L'homme est un être d'énergie. Il s'exprime sur plusieurs plans. Le plan le plus dense est le plan physique, un plan matériel. Einstein nous a décrit la matière comme étant l'énergie arrivée en bout de course[3]. En effet, notre corps est fait de chair et d'énergie,

---

3 Albert Einstein : *La relativité*. Ed. Gauthier-Villars (1956).

mais a un taux vibratoire très bas, ce qui lui confère une structure solide, facilement préhensible.

Le plan physique, plus communément appelé le corps, est, selon le site internet Larousse, « *la partie matérielle de tout être animé* ». Cette définition est intéressante car elle laisse supposer qu'il existe une partie dite immatérielle.

Mais si l'on aborde la notion de corps pris dans sa totalité, dans sa globalité, nous nous apercevons que ce corps est en quelque sorte constitué selon le principe des poupées russes.

En effet, le plan physique est imbriqué dans un autre plan, ce que l'on a coutume d'appeler le corps éthérique (corps vital selon la terminologie indienne), lequel plan éthérique est imbriqué dans le plan aurique, l'aura.

Ce qui est important à retenir, c'est que le corps de l'homme est constitué de trois grands plans différenciés par leur qualité vibratoire et que dans notre approche du reiki, nous serons amenés à intervenir directement sur ces trois niveaux.

Au niveau du plan aurique
Au niveau du plan éthérique
Au niveau du plan physique

Nous allons expliquer quel type de travail nous pouvons effectuer sur chaque plan et quelle est leur importance sur le soin que nous allons pratiquer.

Le plan aurique, l'aura, est de forme ovoïde. Il englobe à la fois le plan physique et le plan éthérique.

Il est constitué d'un certain nombre d'enveloppes. Seule la première, celle qui touche de plus près les plans physique et éthérique nous intéresse dans le cadre du Reiki en ce qui concerne le lissage d'aura (de la première couche de l'aura plus exactement).

Les praticiens ont parfois tendance à négliger l'aura; sans doute parce que les informations données n'ont pas su les convaincre de son importance. Nous allons donc approfondir le sujet.

En réalité, le lissage aurique est essentiel dans tout traitement Reiki car porteur d'informations pour le praticien initié qui effectue un traitement.

La première utilité du lissage aurique est de se mettre en relation harmonieuse avec le sujet. C'est pourquoi nous vous recommandons d'accomplir le lissage avec une certaine lenteur et il faut toujours commencer le lissage de l'aura par la tête du receveur et finir au pied.

La deuxième utilité est d'avoir des informations sur la qualité de la couche aurique au niveau de laquelle nous œuvrons afin d'établir un comparatif en début et en fin de traitement.

Quelles informations pouvons-nous avoir ?

Si nous rencontrons une dépression, ce que nous appelons : « *l'effet nid de poule* », nous en déduisons, à coup sûr, que sous la dite dépression se trouve une zone ou un organe dévitalisé ou en perte de vitalité, donc très vulnérable ; Il y aura lieu d'être vigilant au niveau de cette zone en cours de traitement.

De même, toujours en lissant l'aura, si votre main a du mal à avancer, est comme freinée dans son déplacement et accroche en quelque sorte à la surface de la couche aurique : c'est ce que nous appelons « *l'effet paillasson* ». Cela indique qu'au niveau de la zone considérée, il y a un problème, le plus souvent de type congestif, un problème inflammatoire avec un organisme en train de lutter, ou bien encore un dysfonctionnement ou un blocage organique. Bien entendu, toutes ces informations sont importantes à considérer car nous pouvons vérifier, en fin de traitement, si, lors du lissage aurique de clôture, la vitalité du sujet a évolué ou si « *l'effet paillasson* » a été allégé, voire a disparu.

Il y a un autre aspect utile à considérer : la couche aurique garde en mémoire certaine informations, en quelque sorte des traces de maladies passées, de traumatismes subis, de cicatrices provenant d'expériences douloureuses...

Le lissage aurique effectué par le praticien va gommer, petit à petit, toutes ces traces parasites, un peu à la manière d'un peeling qui gomme les peaux sèches et les cellules mortes. Le lissage aurique participe donc activement au nettoyage de l'aura.

Pourquoi y adjoindre le 1er symbole (à partir du second degré) ?

Tout d'abord, nous effectuerons le lissage aurique en y mettant toute notre conscience afin d'en percevoir mieux l'impact et, sur un plan plus général, de s'entraîner à mettre de la conscience dans tous nos actes.

Le lissage de début a, entre autre, pour objectif d'aider à ouvrir les portes de la structure énergétique du sujet afin que celui-ci exprime mieux sa demande sur un plan énergétique.

Le 1er symbole a notamment la propriété de pénétrer la matière jusqu'à son essence et de mobiliser les forces de vie en débloquant tout ce qui est figé, immobile. C'est pourquoi nous l'emploierons systématiquement dans un grand tracé qui englobe tout l'individu. Nous procèderons à ses pieds et nous lancerons dans l'espace un premier symbole suffisamment grand pour couvrir toute la personne.

Le lissage de fin, aura donc aussi pour objectif de refermer les portes précédemment ouvertes. Et nous emploierons de nouveau le 1er symbole en faisant appel cette fois-ci à ses propriétés de renforcement et à son pouvoir de fixation en vue de consolider toute action énergétique qui vient de s'accomplir.

Nous insisterons beaucoup sur la conscience que nous mettrons lors du lissage aurique ainsi que sur sa lenteur lorsque nous l'effectuerons dans une gestuelle gracieuse et harmonieuse.

Lissage de l'aura :

- Début de traitement

    1er symbole CKR

    Lissage proprement dit

-

- Fin du traitement

    Lissage proprement dit

    1er symbole CKR

    Remontée d'énergie

Enfin, un mot sur la mystérieuse « *remontée d'énergie* ». Certains peuvent se demander, à juste titre, quelle est son utilité.

Elle a tout simplement pour but de mobiliser, au niveau du plan vital, les énergies des centres racine et sacré et de les faire *remonter* par un geste approprié afin d'aider le sujet à se *réveiller* et de retrouver plus rapidement un état de conscience objective après un traitement qui amène un état de relaxation profonde ; écourtant ainsi l'effet cotonneux du lever.

4) LE PLAN ÉTHÉRIQUE

Le plan éthérique est le double du plan physique. C'est une espèce de gant qui moule le corps physique sur une épaisseur qui peut varier de deux à cinq centimètres, et qui l'accompagne dans toutes ses activités.

On peut aisément le voir sur un fond sombre car il est suffisamment dense pour que l'œil puisse percevoir cette luminosité grisâtre à blanchâtre autour, par exemple de sa main.

Le plan éthérique est comme un vaste réseau routier pourvu de millions de voies ou canaux, connues sous le nom de méridiens ou *nadis* en Inde. Ces lignes de force sont amenées à se croiser. Plus elles se croisent, plus elles créent des centres importants.

En fait, les nadis sont la contrepartie éthérique de notre système nerveux dans sa globalité.

La où elles se croisent vingt et une fois, on sera en présence d'un centre majeur (chakra). Les centres majeurs sont au nombre de sept.

Nous noterons qu'il existe d'autres centres, les centres dits mineurs qui sont au nombre de vingt et un et qui sont formés lorsque ces mêmes lignes se croisent quatorze fois. Et il en existe d'autres encore plus petits. Mais, dans le cadre du Reiki, seuls les sept centres majeurs nous intéressent directement.

Nous savons que les croisements les plus importants, qui sont au nombre de sept, forment les **sept centres majeurs.**

Les sept centres majeurs sont la contrepartie éthérique des glandes endocrines, leur extériorisation sur un plan subtil. Il y a donc correspondance directe entre les centres majeurs et le système endocrinien, et par voie de conséquence avec les organes par un jeu subtil entre le *vital* et le *formel.*

Les centres majeurs sont au plan éthérique ce que les glandes endocrines sont au plan physique.

Le plan éthérique absorbe les énergies subtiles qui nous environnent et les transforment grâce à l'action des centres majeurs qui, eux, les transmettent au plan physique par l'intermédiaire de leur correspondants privilégiés, les glandes endocrines.

Le système endocrinien contrôle la production des hormones dans notre corps, hormones qui ont un rôle décisif au niveau de notre métabolisme et du maintien de notre santé.

D'où l'importance d'avoir des chakras bien équilibrés, lorsque l'on connaît leur influence sur le système endocrinien.

Mais *ce qui est en haut est comme ce qui est en bas* , et réciproquement.

En d'autres termes, un déséquilibre au niveau endocrinien affectera inévitablement les chakras car l'énergie circule dans les deux sens au niveau des différents plans.

Le Reiki, agissant simultanément sur les deux plans est un merveilleux moyen de rééquilibrage.

Nous allons donc dresser une analyse sommaire des sept centres majeurs afin de mieux comprendre ce que nous ferons lorsque nous pratiquerons le rééquilibrage des chakras.

5.1) Analyse sommaire des septs centres majeurs

Les chakras se trouve sur la ligne qui sépare le côté gauche de notre côté droit, nous allons partir du bas du corps pour remonter au sommet.

1 – LE CENTRE RACINE

Sanscrit : MULADHAR.

Littéralement : RACINE, FONDEMENT.

Emplacement : il se trouve entre le sexe et l'anus.

Correspondance endocrinienne : Les glandes surrénales.

Correspondance organique : reins, système urinaire, épine dorsale, coccyx.

Couleur : rouge

Sens : régit l'odorat

Le centre racine est le siège de la vitalité physique, de l'instinct de survie, c'est le responsable des mécanismes nécessaires à la vie physique.

Chakra dit *tellurique*[4], il est rattaché à l'élément TERRE.

2 – LE CENTRE SACRE

Sanscrit : SVADISHTHANA.

Littéralement : Douceur.

Emplacement : deux doigts en dessous du nombril.

Correspondance endocrinienne : Les gonades

4*Qui concerne la Terre* : **définition Larousse internet**

Correspondance organique : organes génitaux, membres inférieurs, sacrum.

Couleur : orange

Sens : régit le goût

Le centre Sacré est le siège de l'énergie sexuelle, des pulsions, des émotions, des sensations. C'est le siège de la force vitale.

Chakra dit *tellurique*, il est rattaché à l'élément EAU.

3 – LE CENTRE SOLAIRE

Sanscrit : MANIPURA.

Littéralement : La cité au joyau flamboyant.

Emplacement : au plexus solaire.

Correspondance endocrinienne : le pancréas.

Correspondance organique : estomac, duodénum, foie, vésicule biliaire, pancréas, exocrine, rate, système nerveux.

Couleur : jaune

Sens : régit la vue.

Le centre Solaire est le centre de la distribution de l'énergie physique, c'est le centre du pouvoir et de la sagesse, c'est le siège de la force astrale.

Chakra dit *tellurique double* il est rattaché à la fois aux éléments FEU et AIR. C'est aussi le chakra frontalier avec les chakras *cosmiques*[5], il est donc d'une grande importance stratégique.

5*Relatif au cosmos, à l'univers et à son ordre général* : **définition Larousse internet**

4 – LE CENTRE CARDIAQUE

Sanscrit : ANAHATA

Littéralement : SANS HEURT.

Emplacement : au niveau du cœur, mais au milieu du corps.

Correspondance endocrinienne : thymus.

Correspondance organique : cœur, système circulatoire, foie, poumons.

Couleur : vert

Sens : régit l'ouïe.

Le centre Cardiaque est le centre de l'amour inconditionnel, de la compassion, de la fraternité, de la conscience de groupe, du développement spirituel.

Chakra dit *cosmique*, frontalier, la frontière étant symbolisée par le diaphragme.

5 – LE CENTRE LARYNGÉ

Sanscrit : VISHUDDHA

Littéralement : PURIFICATION.

Emplacement : à la gorge, au niveau de la pomme d'Adam.

Correspondance endocrinienne : la thyroïde

Correspondance organique : gorge, poumons, trachée, artère, bras, canal alimentaire

Couleur : bleu foncé

Sens : contrôle l'ouïe.

Le centre Laryngé est le centre de la communication, de l'expression de soi, de l'énergie créatrice, du son, de la conscience de soi. C'est un centre extrasensoriel (clair audience, facilité de percevoir les événements).

Chakra dit *cosmique*.

6 – LE CENTRE FRONTAL

Sanscrit : AJNA.

Littéralement : LA CONNAISSANCE.

Emplacement : au milieu du front, plus communément appelé le troisième œil.

Correspondance endocrinienne : l'hypophyse ou glande pituitaire.

Correspondance organique : partie inférieure du cerveau, nez, oreilles, œil gauche, système nerveux.

Couleur : bleu foncé

Sens : associé aux facultés cognitives de l'esprit.

Le centre frontal est le siège de la volonté, de l'intellect, de l'intuition, de la visualisation. C'est le centre de la force d'âme, de la clairvoyance.

Chakra dit *cosmique.*

7 – LE CENTRE CORONAL

Sanscrit : SAHASRARA

Littéralement : AUX MILLE PETALES (de lotus).

Emplacement : sur le sommet du crâne.

Correspondance endocrinienne : l'épiphyse ou glande pinéale.

Correspondance organique : partie supérieure du cerveau, œil droit.

Couleur : violet.

Le centre Coronal est l'étape ultime, le point le plus élevé de conscience que l'homme puisse atteindre. C'est le lieu de l'illumination, le siège de la volonté divine.

5.2)   Technique d'équilibrage des chakras

Quand nous équilibrerront les chakras, nous posons nos mains sur deux ou trois chakras et par un jeu de poussée, nous mettons nos deux mains à la même distance du corps physique.

1. mettre une main sur le chakra coronal et sur le chakra frontal et l'autre main sur le chakra racine.
2. Mettre une main sur le chakra laryngé et l'autre main sur le chakra sacré.
3. Mettre une main sur le chakra cardiaque et l'autre sur le chakra solaire

LE PLAN PHYSIQUE

Le reiki est l'une des seules méthodes de soin par imposition des mains ou l'on peut aussi bien travailler sur soi que sur autrui, avec la même efficacité.

Lors d'un traitement, on tiendra une position au moins trois minutes. Avec l'expérience, les mains deviendront intuitives, et sauront s'il faut rester plus ou moins longtemps selon la demande d'énergie. Nous veillerons à *écouter* nos mains davantage que notre mental.
Voici les quatre phases par laquelle le patient va passer afin d'atteindre l'autoguérison, le nombre de séance va varier en fonction de la pathologie, de l'état de santé du receveur (sur tous les plans), ainsi que du praticien.

Dans l'idéal un minimum de 4 séances consécutives est nécessaire.

Phase 1 : Le Reiki nettoie et remplit le vide.
Cette la phase de nettoyage pour votre corps, et vos cellules. Et l'énergie reiki peut commencer à remplir les vides énergétiques.

Phase 2 : le reiki choisi sa cible.
Un avantage certain du reiki est qu'il guérit la cause et non le symptôme. Il va donc de manière consciente et sans aucune intervention extérieure cibler le problème, qu'il soit d'ordre émotionnel, physique ou mental.

Phase 3 : la crise de guérison.

C'est le moment le plus inconfortable car l'expulsion de la cause de nos problèmes est souvent désagréable, mais nécessaire pour arriver à la guérison.

Phase 4 : l'état de grâce

Vous sentez de la joie et de la fierté d'avoir réglé ce problème, mais il ne faut pas perdre de vue que vous n'êtes qu'un canal et que c'est l'énergie reiki qui a fait son œuvre. C'est ce que nous appelons l'état de grâce en reiki ou « *l'art d'inviter le bonheur* ».

Mais l'une des règles du reiki est que tant que tu n'es pas guéri, tu continues!

Position des mains pour l'auto traitement

Vous commencez l'auto-traitement par le lissage de l'aura, et vous déplacez vos mains l'une après l'autre. Il est a effectué après chaque initiation pendant 21 jours, et je conseil de le faire régulièrement a chaque changement de saison par exemple aussi longtemps que l'on en récent le besoin.

Position un

Placez vos mains cote à cote sur le sommet du crane une main sur le centre coronal et l'autre sur le Bindu (le Bindu est le huitième chakra majeur suivant l'hindouisme, pour d'autre philosophie c'est un chakra mineur, mais, tous s'accorde pour dire qu'il est le lieu du Karma accumulé au cours de nos vies précédente).

Position deux

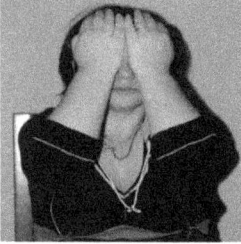

Placez vos mains en bol sur les yeux, les doigts couvrant le front (ce qui permet de traiter en même temps le chakra frontal).

Position trois

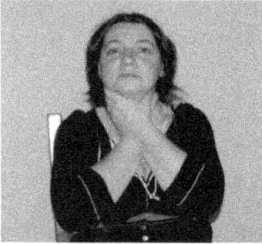

Placez vos mains sur le chakra Laryngé

Position quatre

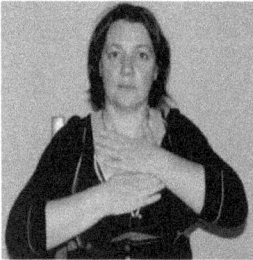

Placez vos mains sur le chakra cardiaque.

Position quatre bis

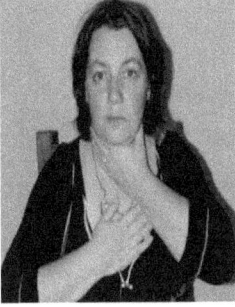

Variante de la position trois et quatre et en substitution à celle-ci, une main couvre le chakra laryngé, l'autre couvrant le chakra cardiaque.

Position cinq

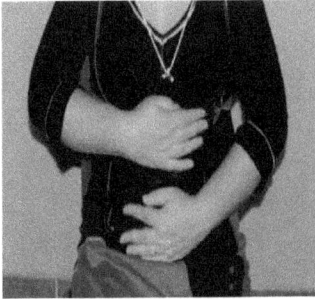

Une main posée au niveau de l'estomac (deux doigt au-dessus du nombril) ce qui traitera en même temps le chakra solaire, l'autre main sur le chakra sacré (deux doigts en dessous du nombril).

Position six

Pour les femmes : l'extrémité des doigts dans le creux de l'aine, les mains reposent au niveau des ovaires, toute la région vas se traiter ainsi que le chakra racine.

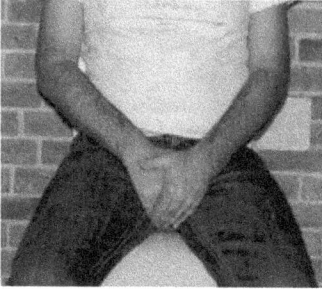

Pour les hommes : les mains forment une coquille et enveloppent les testicules. Toute la région va être traitée : la prostate et le chakra racine aussi.

Position sept

Posez une main sur chaque genoux, cela traitera les douleurs articulaires.

Position huit

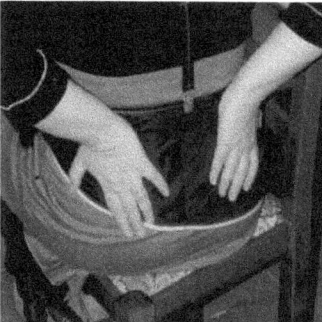

Positonez une main sur chaque rein, cela fait remonter l'énergie (excellent contre la fatigue). Les reins sont les détenteur du Ki essentiel qui permet d'allimenter notre corps en énergie.

De plus au dessus des reins se trouve les glandes surrénales qui permettent, entre autres, de lutter contre les allergies. Finir l'auto traitement par un lissage de l'aura et remontée d'énergie.

Position des mains pour un traitement complet

Le receveur est allongé sur une table de massage, le traitement va durer à peu près 1h15, et il faut le faire un minimum de 4 jours consécutifs. On déplace les mains l'une après l'autre, pour garder le contact avec le receveur.

Le receveur est sur le dos et on commence par un lissage de l'aura

Position un

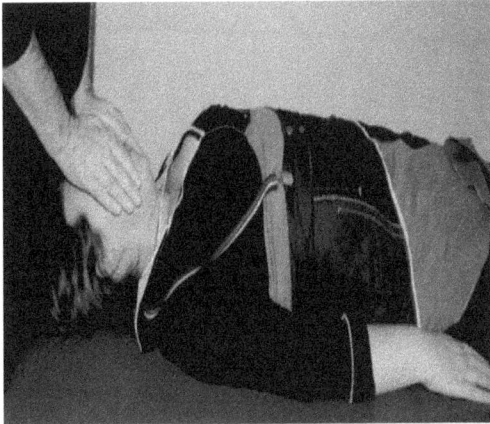

Placez vos mains en bol sur les yeux du receveur.

Position deux

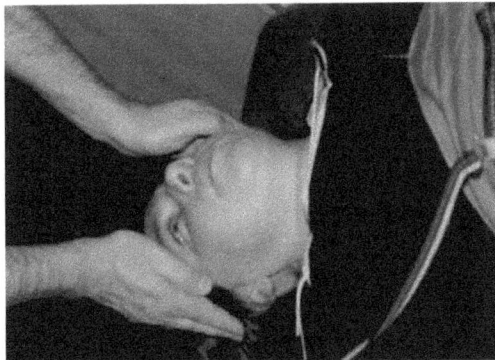

Placez vos mains sur les tempes du receveur.

Position trois

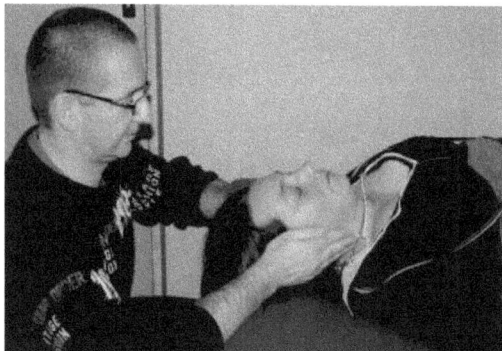

Placez vos mains sur les oreilles du receveur (c'est la position pour traiter une otite).

Position quatre

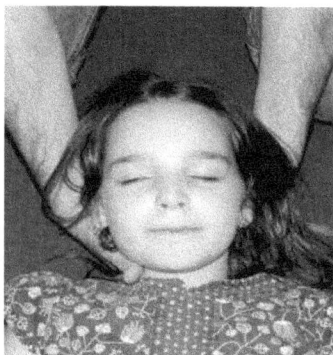

Placez une de vos mains sous la nuque et l'autre sur l'os occipital.

Position cinq

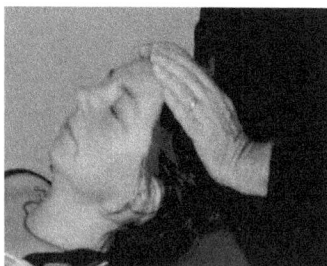

Placez vos mains sur le chakra coronal.

Position six

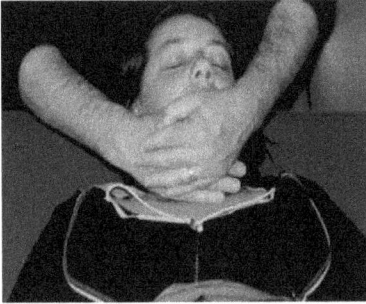

Placez vos mains l'une sur l'autre sur le chakra laryngé du receveur (si vous posez les mains, le receveur peut se sentir comme étouffé).

Position sept

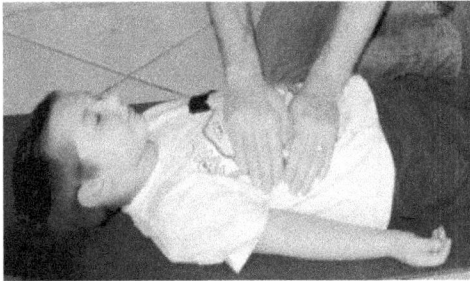

Placez vos mains jointes sous la ligne mamellaire droite du receveur.

Position huit

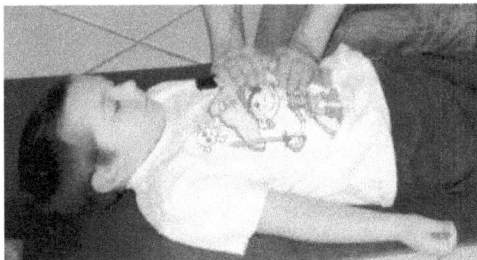

Idem que la position sept mais du coté gauche

Position neuf

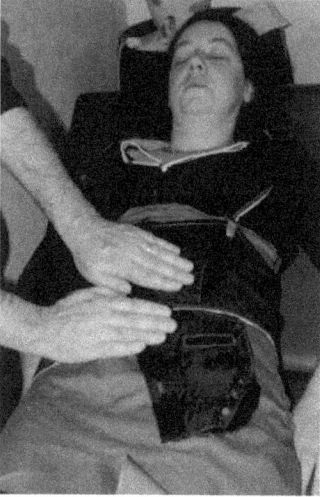

Placez une de vos mains deux doigts au-dessus du nombril et l'autre deux doigts en dessous du nombril (chakra sacré).

Position dix

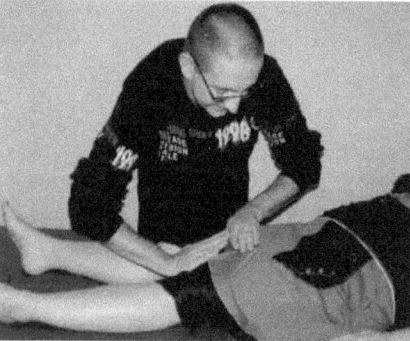

Placez une main sur la vessie du receveur et l'autre main au niveau du chakra racine se qui forme un T.

Position onze

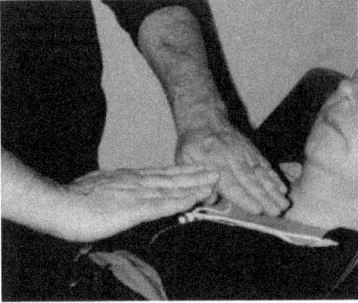

Placez une main sur le chakra cardiaque du receveur et l'autre sur le chakra solaire ce qui va former un T.

Position douze

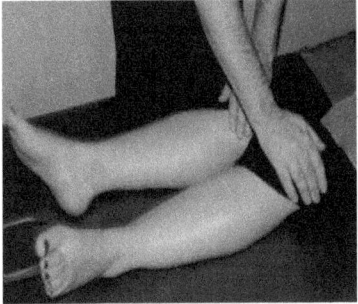

Placez une main sur chaque genou.

Position treize

Placez une main sur chaque coup de pied.

Position quatorze

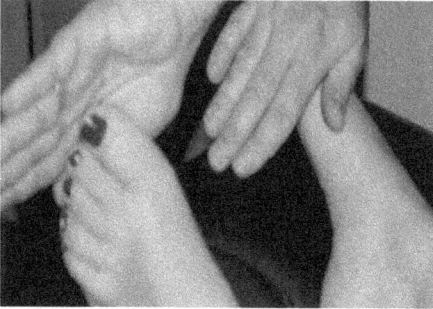

Placez une main sur chaque orteil, on peu refermé la main sur l'orteil (comme pour l'enrouler).

Position quinze

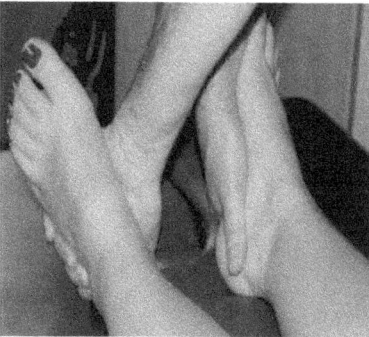

Placez une main sous chaque pied (dans le creux du pied, il y a un sous-chakra).
Le receveur s'allonge sur le ventre.

Position seize

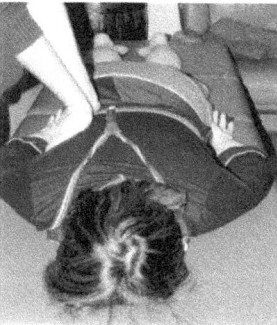

Placez vos main jointes en haut du grand dorsal du coté droit du receveur.

Position dix sept

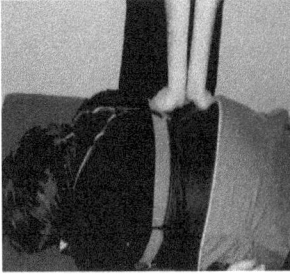

Placez vos mains en dessous de la position seize, toujours sur le grand dorsal.

Position dix huit

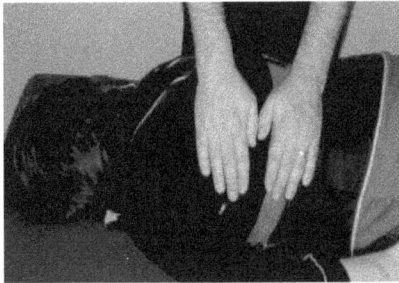

Idem que la position seize mais du coté gauche.

Position dix neuf

Idem que la position dix sept, mais du coté gauche.

Position vingt

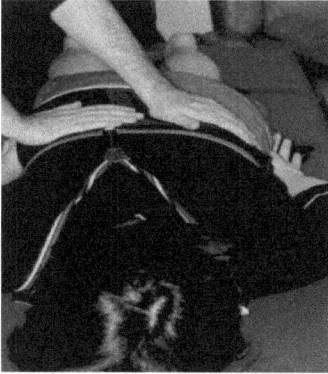

Placez vos mains sur les reins du receveur.

Position vingt et un

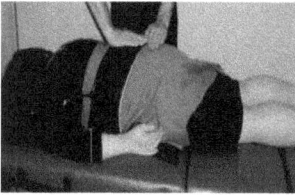

Placez vos mains en T sur le coccyx du receveur.

Position vingt deux

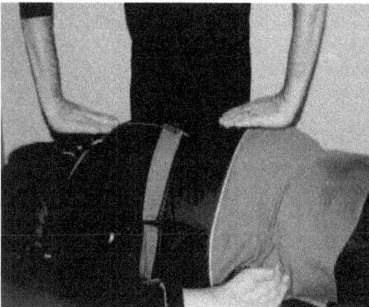

Placez une main sur le coccyx et l'autre sur la nuque du receveur (les doigts se regardent), de cette manière l'on traite toute la colonne vertébrale.

Position vingt trois

Placez une main sur chaque épaule.
Faite remettre le receveur sur le dos et faire un lissage et une remonté d'énergie.

Position des mains pour un traitement complet rapide

Ce traitement s'effectue aussi bien assis que couché et dure environ quarante cinq minutes, mais tout comme le traitement complet, l'idéal et de le faire quatre jours consécutifs. On déplace nos mains l'une après l'autre pour garder le contact avec le receveur

Le traitement commence par un lissage de l'aura, le receveur est assis ou bien allongé sur le dos.

Position un

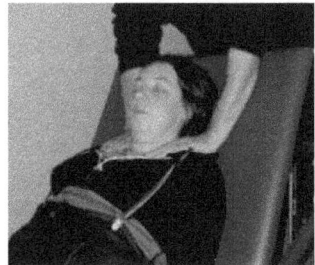

Placez vos mains sur chaque épaule du receveur pour établir le contact énergétique.

Position deux

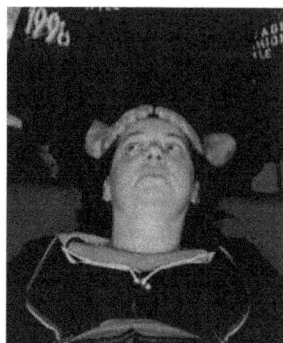

Placez vos mains sur le chakra coronal, attention a la position assise de ne pas « écraser » le receveur.

Position trois

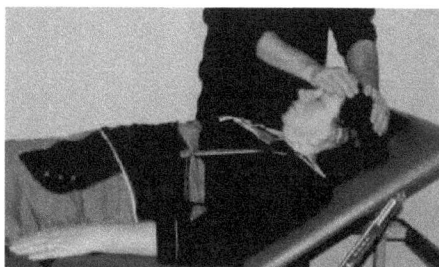

Placez votre main forte sur le chakra frontal, et votre main faible pour la position assise en opposition derrière la tête, pour la position couchée sur le chakra coronal.

Position quatre

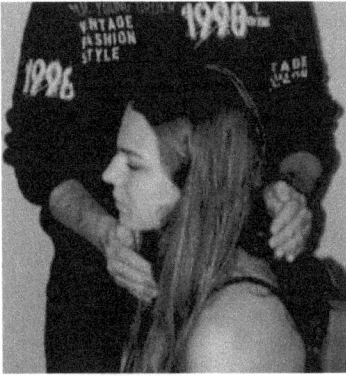

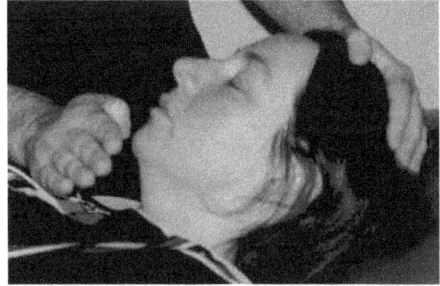

Placez votre main forte sur le chakra laryngé, et votre main faible pour la position assise en opposition sur la nuque, pour la position couchée sur le chakra coronal.

Position cinq

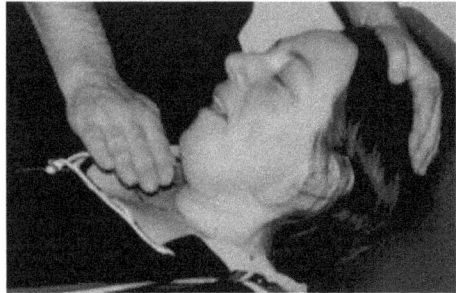

Placez votre main forte sur le chakra cardiaque, et votre main faible pour la position assise en opposition dans le dos du receveur, pour la position couchée sur le chakra coronal.

Position six

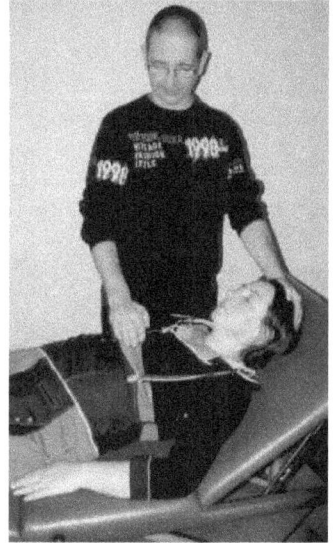

Placez votre main forte sur le chakra solaire, et votre main faible en opposition pour les receveurs assis, pour les receveurs couchés la main faible est toujours sur le chakra coronal.

Position sept

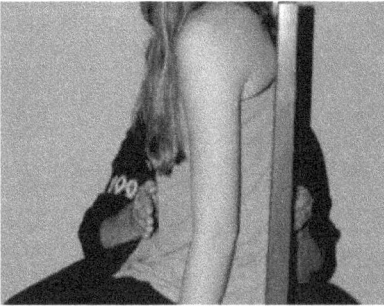
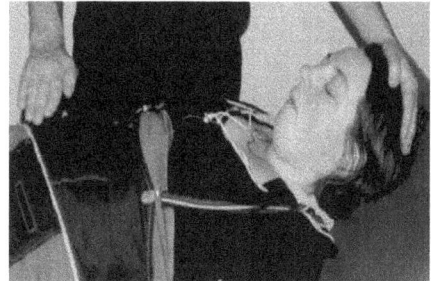

Placez votre main forte sur le chakra sacré et votre main faible en opposition dans le dos pour les receveurs assis ou sur le chakra coronal pour les receveurs couchés.

Position huit

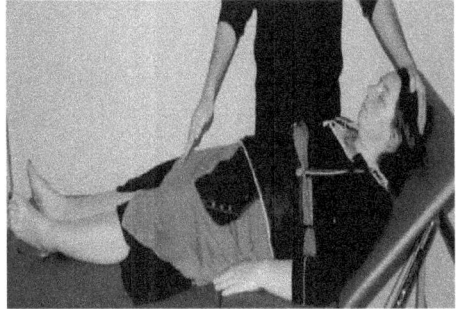

Placez votre main forte entre les jambes du receveur en direction du chakra racine, positionnez votre main faible au niveau du coccyx pour la position assise, et sur le chakra coronal pour la position couchée, si le receveur est trop grand mettre la main faible sur le chakra cardiaque.

Position neuf

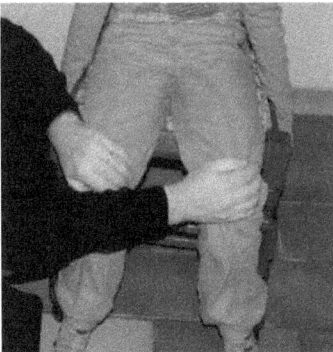

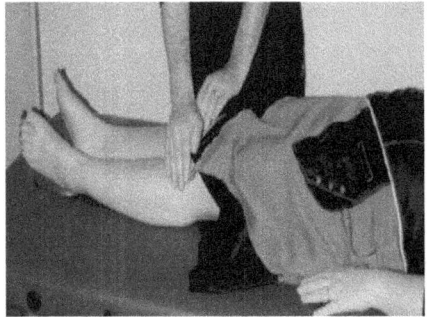

Placez vos mains sur les genoux du receveur.

Position dix

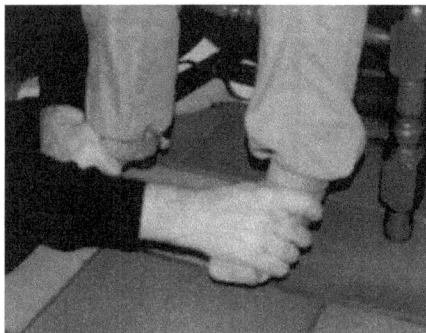
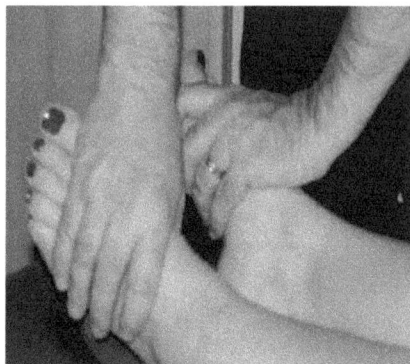

Placez vos mains sur chaque coup de pied.

Pour la position assise, c'est fini on fait l'aura et on remonte l'énergie.

Position onze

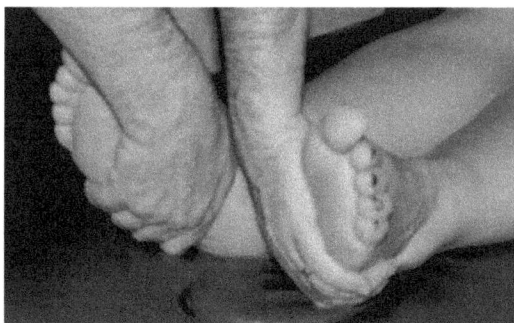

Placez vos mains dans le creux des pieds du receveur.

Faire se retourner le receveur.

Position douze

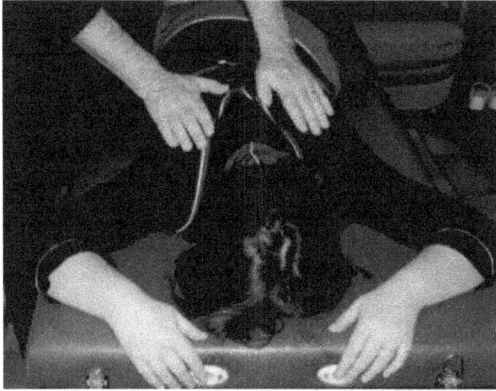

Placez vos mains sur les épaules du receveur.

Position treize

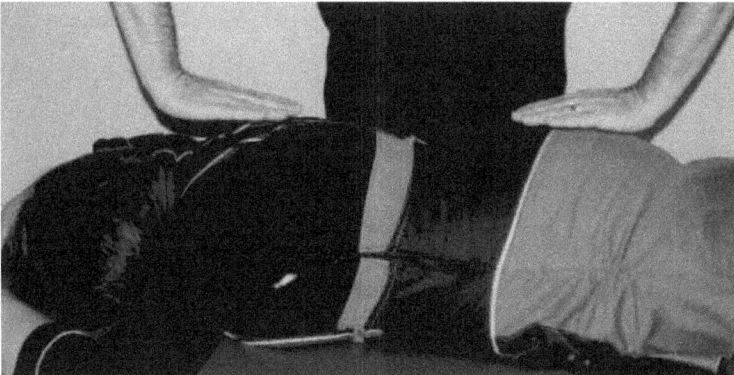

Placez une main sur le coccyx et l'autre sur la nuque les doigts se regarde, on traite toute la colonne vertébrale.

Position quatorze

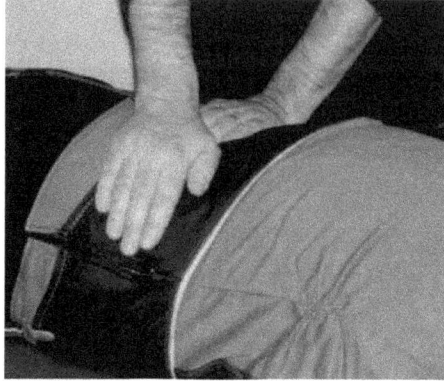

Placez vos mains sur les reins du receveur.

Le receveur se remet sur le dos, on lisse l'aura et on remonte l'énergie.

LES SYMBOLES

Tous les praticiens qui me connaissent vont être surpris que je parle des symboles dans un livre, alors que je suis très sensible au côté sacré des symboles, mais il faut vivre avec son temps et les symboles reiki qui n'étaient divulgués qu'aux personnes initiées, se trouvent sur internet sans aucun problème. Donc ils ne seront ni nommés, ni dessinés, mais, je trouvais important de préciser ce que font plus précisément les trois premiers symboles. Au cour des rencontres avec mon association, je suis amené a rencontrer des élèves formés par d'autres Maîtres de Reiki, et beaucoup ne connaissent pas les particularités des symboles, je vais donc les préciser. On ne peut enseigner que ce que l'on connaît. Les symboles ont certaines autres fonctions dont je n'ai pas connaissance.

LE PREMIER SYMBOLE : SYMBOLE DE LA PUISSANCE

Nous utiliserons le premier symbole lorsque nous aurons à focaliser l'Energie

Reiki, que ce soit au niveau d'une personne, d'un organe, d'un lieu, d'une situation, etc...., et là où nous estimons la nécessité de renforcement.

Il est la force de vie, le souffle créateur : il purifie, il active, il nettoie, il cicatrise.
Il exprime l'Energie originelle. Il est donc l'essence même de la vie et de son mouvement. Il combat donc tout ce qui est immobilisme ou blocage.
Sa première fonction est d'accroître le pouvoir, de focaliser l'Energie, de donner de la force, donc la vie.

Sa deuxième fonction est de faire sauter l'immobilisme, de débloquer, d'apporter l'illimité dans le limité, de mettre la lumière dans les zones d'ombre.

Enfin le premier symbole a cette fonction de renforcer les autres symboles par son pouvoir de fixation, qualité que l'on sera amené à utiliser dans beaucoup de circonstances.

En conclusion :   1) il accroît la puissance REIKI.

2) Il a une action purificatrice.

3) Il a une fonction dynamisant.

4) Il a une fonction de régulation.

5) Il a un pouvoir cicatrisant.

6) Il met la lumière dans les zones d'ombre.

7) Il casse les barrières.

8) Il remplit les vide énergétiques.

9) Il fixe les soins (le dessiner au début et à la fin du traitement, l'appeler puis le projeter).

Début de traitement

             ワ   1er symbole

ד	lissage proprement dit

Fin du traitement

ד	lissage proprement dit
ד	1er symbole
ד	remontée d'énergie

LE SECOND SYMBOLE : SYMBOLE DE L'ACCÈS AU MENTAL

Le second symbole permet d'accéder à l'inconscient. Par ce fait, il fait monter à la conscience tout un ensemble d'éléments et provoque une libération des causes de nos souffrances intérieures.

C'est pour cela que nous l'appelons le symbole clé du mental. En effet, utilisé dans le « traitement mental », il accélère le processus de libération de nos limitations, de nos conditionnements, de nos comportements autobloquants, de nos résistances, en bref de toutes nos «pathologies» psychologiques.

Une autre fonction est son côté rééquilibrant. Il réajuste, il réaligne, il réharmonise, il recentre les énergies, et ce, au niveau de tous les différents plans de conscience de l'être, y compris physique.

Le second symbole est force de vie dans la spiritualité la plus pure : il soutient l'homme dans son ascension vers la soi-conscience.

L'utilisation judicieuse du second symbole soutient l'être d'une manière holistique dans son processus de nettoyage, de « déparasitage ». Il concourt à son épanouissement, à son équilibre, au lâcher-prise. Peu à peu, l'homme laisse ses limitations, met sa conscience plus loin. Processus évolutif qui occasionne parfois des étapes douloureuses où l'on lâche de vieux schémas qui nous entravaient. C'est pourquoi les traitements sur le mental entraînent souvent des périodes de déstabilisation.

Le REIKI, au travers du second symbole, nous permet de comprendre qu'il ne peut y avoir de véritable guérison, prise dans son sens le plus large, sans lâcher-prise et la mise en place de nouveaux comportements libérateurs.

Et par son aspect apaisant, ce symbole prépare l'être à une telle évolution.

Symbole de paix et de protection, expression et manifestation de compassion, il restaure l'être en tant qu'esprit incarné dans un juste et harmonieux équilibre.

En conclusion :

1) Il favorise la purification, le nettoyage des toxiques physique et mental.
2) C'est le symbole de protection (contre le vol ou les agressions, les cauchemars, il protège de tout).
3) Il apaise et harmonise le mental.
4) Il favorise le lâcher prise.
5) Il permet d'accéder à l'inconscient.
6) Il permet de se libérer des conditionnements.
7) Il ramène l'équilibre physique et psychique.
8) Il augmente la compassion et l'amour.
9) Il est très important pour lutter contre les douleurs.
10) C'est le meilleur symbole pour les brûlures, eczéma, zona.

LE TROISIÈME SYMBOLE : SYMBOLE DU TRAVAIL À DISTANCE OU DE CONNEXION

Symbole de la perfection originelle, il exprime l'unité ; la non-dualité. Il réunifie avec le soi, il permet à notre totalité de s'exprimer.

Le troisième symbole, c'est l'établissement d'une communication avec le Soi

Supérieur ou notre maître intérieur. Le voile de la séparation se déchire, l'illusion de la séparation cède le pas à la sublime réalité et nous pouvons embrasser le tout. C'est bien cela, la fonction de ce symbole, être uni avec soi et avec l'autre, si tel est le cas, dans sa totalité, et enfin avec le Soi Suprême.

Symbole incontournable des traitements à distance, il nous permet en réalité de quitter la dimension du temps pour pénétrer celle de l'unité ; où passé, présent ou futur n'ont pas d'existence en temps que tels.

C'est pourquoi ce symbole nous permet d'accéder à l'essence de toutes choses par un retour à l'unité.

Il a cette dimension de l'amour et de la transparence. Et lors d'un traitement, lorsque cela est bien compris, il n'existe pas de séparation entre l'opérateur et le sujet, il n'existe pas non plus de séparation avec le divin et c'est la restauration de l'unité avec la totalité, l'inconnaissable. Seul l'être s'exprime.

En conclusion:
1.   Il permet la connexion avec le Soi supérieur du receveur.
2.   Il permet le travail sur le passé.
3.   Il permet le travail sur le futur.
4.   Il permet de travailler a distance (casse la barrière des kilomètres).

QUELQUES TECHNIQUES

Je vais vous présenter ici quelques techniques que j'affectionne particulièrement, ou certaines techniques que je possède, mais qui sont peu répandues. Je vous expliquerai quand je les utilise.

La première technique, je la tiens de mon Maître Serge qui était aussi pratiquant de Yoga et je pense que cette technique en est issue. Je la pratique quand je rentre du travail et que je dois faire un soin Reiki ou que je veux m'apaiser avant de méditer.

Voici à votre disposition une technique visant la purification du système nerveux par le contrôle du souffle, avec pour résultante, un grand calme au niveau du plan mental.

Technique 1

1. Asseyez-vous dans la position de votre choix, confortablement. Détendez-vous. Gardez le dos et le cou bien droit. Placez le pouce de la main droite sur la narine droite. N'appuyez pas sur la narine gauche.

2. Placez l'index et le majeur entre les deux sourcils. L'annulaire droit à proximité de la narine gauche. Inspirez par la narine gauche ; suivez le souffle, imaginez qu'il provient de la région du cœur près du plexus solaire. Suivez le souffle et sentez qu'il se répand progressivement dans tous vos sens, qu'il circule librement dans votre cerveau. Ne retenez ni n'interrompez la respiration.

Tout exercice respiratoire a pour but de calmer le mental. Il faut donc veiller à ne jamais forcer, à rester détendu.

3. Retenez le souffle pendant une seconde, puis retirez le pouce de la narine droite

et placez simultanément l'annulaire sur la narine gauche. Expirez doucement par la narine droite en gardant le même rythme que pour l'inspiration.

4. La main reste dans la même position tout au long de l'exercice. Maintenant inspirez par la narine droite au même rythme que précédemment. Retenez le souffle pendant une seconde et retirez l'annulaire de la narine gauche et placez simultanément le pouce sur la narine droite.

5. Expirez doucement par la narine gauche, toujours au même rythme, et ainsi de suite. Au début, comptez 5 à 6 pour l'inspiration ainsi que pour l'expiration. Après quelques jours d'entraînement, on peut passer progressivement de 8 à 10 puis de 10 à 12. Veillez à garder tout au long un rythme lent et régulier.

Répétez cet exercice de 6 à 12 fois.

Précaution :

Toute inspiration ou expiration violente est contre-indiquée. La rétention du souffle pratiquée inconsidérément peut avoir des effets néfastes sur la santé.

Allongez vos respirations très progressivement.

On obtient les meilleurs résultats au lever et au coucher, mais il peut être pratiqué efficacement à n'importe quel moment.

REIKI SYANA-HO OU « DOUCHE REIKI »

Cette Technique permet de se purifier et de recevoir une grande quantité de Reiki. Je la pratique tous les matins en prenant ma « vraie » douche, et j'adore la sensation d'énergie qui coule sur mon corps comme si c'était de l'eau. Je sais que beaucoup de mes élèves l'on adopté.

Reiki syana-ho se pratique assis ou debout les jambes écartées de la même largeur que les épaules.

1. Pratiquez Gassho quelques instants.

2. Décollez les mains et dans un mouvement circulaire, montez-les face au ciel le plus haut possible. Les mains se font face, tandis que vous les élevez toujours plus haut (comme si vous vous étiriez) inspirez lentement et profondément.

3. Imaginez que vous recevez une douche d'énergie Reiki, celle-ci coule dans vos mains et se déverse sur votre corps.

4. Expirez en ramenant vos mains sur le haut de votre tète a quelques centimètres de celle-ci et très lentement ramenez les devant votre front, vos yeux, votre cœur, le plexus solaire et arrêtez vos main devant le tanden[6].

5. Laissez vos mains en place sur le tanden quelques instants, et recommencez depuis le début.

Répétez cette Technique 3 fois au minimum.

Reiki dans notre passé

Cette technique m'a était transmise par une praticienne avec qui je faisais un stage de reiki.Le soir en parlant, je lui disais que je trouvais dommage que pour « *poser les*

6ou Nombril, terme japonais

bagages » il faille avoir une période à cibler et que j'étais persuadé que je ne me souvenais pas de tous les traumatismes que j'avais pu vivre dans ma vie. Peu de temps après ce stage, elle m'a envoyé par mail cette technique, que j'ai pratiquée, cela m'a demandé beaucoup de travail, un petit peu plus d'un an, mais cela a eu un tel bénéfice sur moi que je la recommande.

Nous allons envoyer du reiki à chaque période de notre vie pendant sept jours. Il est bien évident que mon vécu seras toujours le même, mais l'énergie que je vais envoyer sur un traumatisme déjà vécu me permettra maintenant de ne plus le vivre comme un traumatisme mais comme une expérience qui fait l'être que je suis maintenant.

Donc, si nous commençons le dimanche, nous allons réaliser l'envoi pendant toute une semaine et le dimanche d'après nous changeons de période.

1. Les neuf mois précédent ma conception.
2. Le moment de ma conception.
3. La période intra-utérine.
4. Le moment de ma naissance.
5. De 0 à 6 mois.
6. De 6 à 12 mois.
7. De 12 à 18 mois.
8. Et ainsi de suite, jusqu'à l'âge de sept ans. Et après…
9. De 7 ans à 8 ans.
10. De 8 ans à 9 ans.
11. De 9 ans à 10 ans.
12. Et ainsi de suite, jusqu'à aujourd'hui.

Selon la médecine chinoise, nous commençons a vivre neuf mois avant notre conception, moi je le conçois plutôt comme un envoi d'énergie afin que ma conception se passe avec plus de paix et de sérénité possible. Nous travaillons par tranche de six mois sur les 7 premières années de notre vie, puis par année.

Cette technique est loin d'être ma préférée, malheureusement j'ai du la pratiquer sur des proches et cela secoue. Cependant je ne connais pas beaucoup de praticien qui l'utilisent et je trouve dommage que l'on n'accompagne pas nos défunts aussi avec le Reiki, afin qu'ils partent en paix.

A : phase avant la mort
1. Favoriser le lâcher prise du style « *je vais vers la lumière ou je pars vers l'éveil ou bien je vais dans l'harmonie* ».
2. Ou bien « je suis en parfaite harmonie ».

B : phase post mortem
Au 3° jour après la mort.
1. Se centrer.
2. On reste debout et on visualise la personne debout devant soi et de la même taille que soi.
3. « Je suis canal, j'ai la conscience claire ».
4. Faire le 3° plus le 1° symbole, les appeler (3 fois) dans l'ordre dessiné, puis appeler 3 fois la personne par son nom et son prénom.
5. « Être untel », je te souhaite la bienvenue, que la paix soit avec toi et je te souhaite la bienvenue » (3 fois).
6. Faire le 2° plus le 1° symbole sur tout le corps, les appeler (3 fois). Garder les mains tendues, jusqu'à que l'être s'élève et qu'on le perde de vue.
7. Remercier l'énergie et on envoie des bonnes pensé à l'être.
8. Se déconnecter.

Au 4° jour de sa mort.

1. On se centre sur soi.
2. On est assis et on visualise le cadavre devant soi.
3. On se met en canal de manière très précise « *je suis canal, j'ai la conscience claire* » et on y reste pendant toute la séance.
4. Faire le 3° puis le 1° symbole sur la dépouille, appeler les symboles puis la coque physique de « untel ». (3 fois).
5. Mettre une main sur la fontanelle et l'autre sur le plexus.
6. Visualiser l'énergie REIKI qui pénètre la coque physique et faire sans arrêt le 1° symbole.
7. Remercier l'énergie une.
8. Se déconnecter.
9. Prendre une douche.

C : Travail sur les vivants.

1. Faire un travail sur le mental (à distance ou pas)

TEMOIGNAGES

Par Pascal B. maître de reiki

L'auteur du livre que je suis vous a déjà parlé de sa vie de praticien, j'aimerais vous parlez des personnes que j'ai suivi, avant de laisser la place à divers témoignages. Par exemple, une dame âgée qui avait de l'arthrite qui l'empêchait de bouger ses mains et pour qui la vie de tous les jours était de plus en plus compliquée. Grâce au reiki, nous avons réussi à inverser le processus. Il est évident qu'elle n'a pas retrouvé les articulations de ses 20 ans, mais elle a pu continuer à vivre chez elle sans avoir besoin de quelqu'un. Il y a aussi plusieurs personnes que j'ai accompagnées dans leur combat face au cancer, elles étaient soulagées que je puisse calmer les effets secondaires des chimiothérapies ou que je puisse les apaiser avant d'y aller. J'ai rencontré des personnes qui avaient les effets secondaires des chimio (nausées, vomissements, hypersensibilité à l'odeur…). Je souhaiterais également vous parler des personnes qui sont atteintes de sclérose en plaque et qui après une séance, marchent mieux ou ressentent moins de douleurs. Il y a aussi les petits « bobos » que je règle sur mes enfants « cascadeurs ». Mais pour moi, l'un des plus beaux cadeaux que m'a donné le reiki est de pouvoir être actif contre la maladie de ma femme. En effet, je vivais très mal de la voir souffrir et de ne pouvoir quasiment rien faire pour la soulager : juste lui tendre un verre d'eau avec un médicament qu'elle avait de plus en plus de mal a avaler. Alors, le reiki m'a donné la possibilité de poser les mains sur son corps endolori et de laisser passer cette fabuleuse énergie et la soulager : j'étais actif face à la maladie. Je pense que le plus beau cadeau que m'a offert le reiki est d'avoir des enfants, car ma femme avant d'avoir la Sclérose En Plaque, avait les ovaires qui ne fonctionnaient pas correctement. En travaillant sur ses ovaires, cela nous a permis de tout remettre en ordre elle est réglée « comme un coucou suisse » : deux enfants en pleine forme et magnifiques en prime. Une autre grande joie, maintenant que j'enseigne le reiki, est de pouvoir donner cette possibilité a toute personne qui le souhaite.

Enfin, , le reiki m'a permis aussi de travailler sur moi et de régler mes traumatismes passés afin de pouvoir être en paix avec moi-même. Grâce à la méditation, j'ai découvert que l'on pouvait améliorer la concentration, l'écoute et le don de soi. C'est toujours un moment très riche et bénéfique quand je rencontre un nouveau praticien ou un nouveau malade de découvrir sa façon de voir la vie et d'en tirer les leçons qui s'imposent. Je crois que je ne remercierai jamais assez Serge pour le fabuleux cadeau qu'il m'a fait.

Par Isabelle B. 2ème degré de reiki

Je suis atteinte de la sclérose en plaques et je suis initiée au deuxième degré de reiki. Le reiki me permet de calmer les douleurs, de lutter contre l'atrophie musculaire, d'éviter les séquelles qu'auraient pu me laisser les 13 ans en de lutte contre la sclérose en plaques. Grâce à l'énergie du reiki, je dors en paix malgré toutes les épreuves de la vie. Si je marche à l'heure actuelle, c'est grâce à la médecine allopathique mais aussi et surtout grâce au reiki qui m'a bien souvent permis d'éviter de prendre des médicaments ou d'en limiter les effets secondaires. Je serais malheureuse de vivre sans le reiki. J'ai connu le reiki grâce à mon médecin qui a initié mon mari pour qu'il puisse m'accompagner dans la maladie afin que j'aille mieux. Mon mari est devenu un maître de reiki. À travers le reiki, nous avons fait plein de rencontres qui nous ont apporté de bonnes choses. Je trouve que le reiki m'a permis de régler des chocs et traumatismes qui me tourmentaient. Je m'en sers tous les jours quand mes enfants se font mal, quand la maladie se réveille, quand les amis ou les copains ont des problèmes de santé, quand j'ai des pensées noires ou pour régler des problèmes du passé : il fait réellement parti de mon quotidien. Je pense que cela m'a ouvert aux autres : j'ai plus de compassion et je suis moins dans le jugement. Il m'a aussi donné de la confiance en moi. Je pourrais dire que je suis comme un papillon : le reiki m'a sortie de la chrysalide et a transformé ma vie. Il m'a aussi donné beaucoup d'énergie quand la fatigue était la à cause de la maladie. Je remercie Serge de m'avoir fait connaître le reiki et mon mari de m'avoir donné tant de soins et d'amour. Et toute l'équipe de Lucki qui a fait des chaînes pour que j'aille mieux.

Par Sylvie D.C. Maître de reiki

Voici quelques témoignages dont je me souviens.

Suzette P : elle me dit qu'elle se couvre de boutons sur tout le corps dès qu'elle pense à son frère (décédé 4 ans plus tôt d'un cancer).

Je lui propose de l'aider, elle accepte. Je lui fais 4 inductions par le mental afin de l'apaiser et de la libérer « *de son frère* ».

Dès la 2ème séance, elle n'a plus de boutons et, au final, plus du tout d'angoisse et de stress en pensant à son frère mais au contraire des pensées positives et agréables.

Florence : elle a des migraines depuis 12 ans, migraines nocturnes liées à la perte de son jeune frère, avec vomissements toutes les nuits.

Je lui propose de l'aider, je fais 3 inductions par le mental afin de l'apaiser et de la libérer « *de son frère* ». Au final arrêt des migraines nocturnes et sommeil réparateur.

Martine G : polyarthrite augmentée par un stress important avec nécessité de faire des cures d'anti inflammatoires en intra veineux et malgré ça toujours des douleurs tenaces.

Je lui propose de l'aider, je fais 3 inductions par le mental afin de l'apaiser et la déstresser en mai 2008. En janvier 2009 elle revoit son rhumatologue qui n'en revient pas de ce résultat. Depuis Martine a fait la formation Reiki 1er et 2^{ème}niveau et continue de s'auto soigner. « *Ma vie a changé à 150%* » m'a-t-elle dit.

Monique C : après un divorce très mal vécu (car toujours amoureuse), elle n'arrive pas à se détacher de son ex mari.

Je lui propose de l'aider, je fais 4 inductions par le mental afin de l'apaiser et de la libérer « *de son mari* ». Au final elle arrive à se détacher et à faire le deuil de son mariage et à accepter de discuter sans mal être avec son ex mari.

Magali T : un mal au bas du dos persistant depuis des années et rien pour la soulager. Après 3 séances par impositions des mains les douleurs ont disparu. Au bout de quelques mois la douleur est revenue mais a très vite cédée après une nouvelle imposition des mains.

Gina S : une tendinite tenace au coude depuis près d'un an réfractaire aux anti inflammatoires et aux antalgiques.

Après 1 séance par imposition des mains la douleur disparaît, je fais tout de même une 2ème séance.

La douleur revient au bout de plusieurs mois mais disparait à nouveau après une séance par imposition des mains.

Jean François T : c'est un médecin, il a des douleurs aux cervicales réfractaires aux anti inflammatoires et aux antalgiques depuis près d'un mois.

Il accepte mon aide, après 2 séances par imposition des mains la nuque redevient souple et plus du tout douloureuse.

M P . C : médecin, une forte migraine l'empêche de travailler, je lui propose mon aide qu'elle accepte « *pour me faire plaisir* ». Au bout de 2 minutes d'imposition des mains la migraine disparait progressivement et définitivement.

Alain D C : sujet à la migraine, il vient me voir régulièrement pour une séance par imposition des mains, et la douleur disparait au bout de 5 minutes en moyenne.

Par Thomas S. 2éme degré de Reiki

Pour moi, le Reiki m'a permis d'avoir une approche avec des gens qui ont un problème de santé. Je leur consacre du temps et des soins pour leur apporter un mieux être et aussi être à leur écoute. Quand je fais un soin, je suis a l'écoute de mon corps pour pouvoir faire circuler l'énergie Reiki entre moi et la personne que je « Reikise » : il se crée alors une certaine harmonie et je sens l'énergie circuler de la paume de mes main vers la personne. Je ressens des picotements dans la paume, tant que les picotements sont là, je sais que l'énergie passe, petit a petit les picotements diminuent et je sais que mes mains vont se déplacer sur un autre point à Reikiser.

Le Reiki m'a permis de découvrir que l'on peut aider les personnes malades très simplement, j'étais déjà à leur écoute, mais depuis que je suis initié au Reiki, non seulement j'ai développé cette écoute, mais je peux leur apporter un mieux être.

Quand je fais un soin, je ressens l'énergie circulé au plus profond de mon corps ainsi que de l'harmonie. Une fusion se crée entre moi et le receveur et je sens l'énergie sortir de la paume de mes mains et aller dans le receveur afin de l'aider, puis le picotement provoqué par l'énergie diminue et je sais que mes mains vont se déplacer vers une autre zone du receveur qui réclame de l'énergie.

Témoignage de Cécile C.

J'ai découvert le Reiki il y a quelques années, par le biais de mes parents, qui se sont formés dans leur région. Ma mère souffrait alors de névralgies faciales depuis quelques années, une pathologie très douloureuse pour laquelle la médecine allopathique n'a pas de solution satisfaisante à proposer (en termes de bénéfices par rapport aux risques engendrés par les traitements). Voyant peu mes parents du fait de l'éloignement géographique, je n'ai pu que constater l'amélioration de l'état de ma mère au fil du temps. J'ai moi-même testé en tant que receveuse à l'époque par curiosité. Et bien qu'étant en bonne santé, j'avais constaté un effet de détente. Je n'avais toutefois pas eu le déclic au point de prendre la décision de me former au Reiki.

Plus tard, en 2010, à l'occasion d'un emménagement, j'ai rencontré mon futur maître de Reiki, ainsi que sa femme, elle-même formée au Reiki également, d'abord en tant que voisins puis en tant qu'amis par la suite. Au cours de nos conversations, sa façon de présenter le Reiki m'a beaucoup plus interpellée et intéressée et j'ai su que, tôt ou tard, je lui demanderai de me former. Ce que j'ai entrepris en mars 2012. Enthousiaste et épanouie lors de ma formation au niveau 1, je me jurais alors de prendre du temps chaque jour pour un auto-traitement , et si possible, quelques minutes de méditation. Je prenais en effet conscience de mon rythme de vie quotidien trop stressant, et fatiguant. J'avais alors un emploi nécessitant de nombreux déplacements, du travail à la maison et d'autres contraintes. Par ailleurs, en rentrant chez moi, je menais une double journée éreintante : mon conjoint travaillant en équipe, je me retrouvais plus de la moitié du temps seule à gérer le quotidien et élever nos deux enfants âgés de 1an et demi et 3 ans et demi. Je sentais que le Reiki pouvait être une clé m'aidant à rééquilibrer les différents pôles de ma vie afin de me permettre de garder « un temps pour moi » chaque jour. Hélas, je ne tenais pas plus de deux mois ma résolution et me laissais de nouveau happer par le tourbillon de ma vie. Je détaille le contexte afin d'insister sur le fait que le Reiki implique la personne à tous les niveaux ; il implique notamment une volonté, un effort quotidien. Une fois que l'on fait ce choix, il est un don merveilleux que l'on se fait à soi même , aux autres…

Au dernier trimestre de 2012, après des mois de fatigue, le couperet est tombé, j'avais un cancer , une tumeur localisée mais suffisamment importante pour que le corps médical décide de me prescrire de la chimiothérapie alliée à de la radiothérapie avant d'opérer. Le temps d'absorber le choc de cette annonce qui a bouleversé ma vie, celle de mon conjoint et de nos enfants, je repensais au Reiki mais j'avais du mal à me concentrer. C'est alors que mon maître s'est proposé de venir me faire du Reiki. Pendant cette période, le Reiki m'a permis de mieux supporter les effets secondaires du traitement, le plus spectaculaire étant la fatigue qui me clouait au lit avant la séance et se levait complètement ensuite pour me permettre, par exemple, de faire une marche d'une heure avec ma famille !

Lorsque j'ai terminé la radiothérapie et la chimiothérapie, j'ai recommencé à pratiquer le Reiki au quotidien et cela m'a beaucoup aidé également lors de mon intervention chirurgicale , à ne pas paniquer et à récupérer, cicatriser très rapidement malgré la lourdeur de l'opération. J'ai été déclarée guérie et repris petit à petit une vie « normale » en essayant de ne pas retomber dans les travers d'avant ma maladie et de tirer profit de cette épreuve. Mais, je n'ai eu que peu de répit et j'ai rechuté , l'été 2013, plus gravement car la tumeur était rare dans sa localisation, étendue à d'autres organes et le pronostic incertain. J'ai du être opérée d'urgence mais la tumeur n'a pas pu être enlevée pour ces différentes raisons et depuis je suis sous chimiothérapie, plus lourde que la 1ère fois, pour une durée encore inconnue. Je souffre plus que la 1ère fois de la tumeur en elle-même et de troubles associés, sans parler des effets secondaires plus nombreux. Mon maître m'a une fois de plus aidé spontanément et m'aide encore à traverser cette deuxième épreuve en me traitant très régulièrement avec le Reiki. Le bénéfice du Reiki, je le ressens par rapport à mes douleurs , qui lorsqu'elles sont légères à modérées s'atténuent, par rapport aux nausées et à la fatigue qui s'amoindrissent également. Il n'y a pas de miracles mais je ressens un mieux-être évident à chaque fois, la possibilité de différer un peu la prise d'anti-douleurs, un regain de confiance en mes capacités à surmonter cela… J'ai également fait de nouvelles rencontres grâce à mon maître et au Reiki à une période où j'aurais plutôt tendance à me renfermer sur moi. Tout cela est précieux et j'essaie, entre les soins de mon maître de prendre le relais et de me faire du Reiki, de garder à tout prix ce temps pour moi car je suis certaine que c'est l'une des clés de ma guérison.

Je tiens à remercier mon maître ainsi que sa femme qui sont tous deux remplis d'amour et de compassion envers les autres.

Par Isabelle bl. 2ème degré :

Ce que m'a apporté le Reiki, c'est avant tout une aventure humaine, riche de choses simples sans artifice, avec un ressenti qui décuple les forces du don de soi, du partage entre chaque membre, sans que personne ne se jauge ni ne se juge, on vient chacun avec sa propre personnalité et on essaie autant que faire se peut d'apporter notre aide à ceux qui en on besoin, avec beaucoup d'humilité et de dévouement et surtout un naturel à aller au devant des autres. Ce faisant, on se sent utile, avec à la clé une force que l'on a en soi , que l'on ne pensait pas exister. C'est aussi une belle leçon de vie, puisque tout le monde en tant que receveur ou praticien (malade ou pas), nous allons tous dans le même sens : celui d'apporter un mieux être aux personnes qui le désirent sans forcing, sans aucune prétention de vouloir guérir et d'apporter un soulagement, qui lui est bien réel, n'en déplaise aux plus cartésiens et aux non croyants. Le Reiki est source de vie, d'élévation de soi, de paix intérieure, de puissance à positiver les choses, même lorsqu'elles sont difficiles à vivre. On a tous des soucis plus ou moins importants, c'est la vie qui est faite ainsi, encore une fois, le Reiki aide à affronter notre existence, avec une énorme énergie que l'on met en toute humilité et à leur demande aux services des êtres en souffrance physique, morale voire les deux. Quand les gens à qui on a fait un soin de Reiki partent avec un sourire jusqu'aux oreilles, on est tout simplement heureux, voilà ce qu'apporte le Reiki, du bonheur à l'état pur, une source d'amour intarissable!

Par Nathalie S.L. 2ème degré :

J'ai pu bénéficier de la formation niveau 1 et 2 en 2010.

Pour moi cela a été une agréable surprise de pouvoir suivre cette formation et transmettre rapidement les bienfaits du REIKI dans le domaine sportif auprès de jeunes basketteuses pratiquant ce sport d'une manière intensive.

La plupart du temps, j'interviens sur des entorses des membres inferieurs et supérieurs pour soulager la douleur mais aussi pour éviter le gonflement de l'articulation.

Pour cela, il faut que la personne soignée accepte l'intervention et la comprenne.

Il m'a fallu être très persuasive et faire preuve de pédagogie pour instaurer un climat de confiance auprès des jeunes à chaque intervention.

Ce qui à été encourageant c'est de voir ces jeunes foudroyés par la douleur mais contrôler leurs émotions car elles savaient que très vite ce mal allait s'estomper pour laisser place au bien-être de pouvoir se mobiliser sans souffrir.

Le REIKI a permis à certaines de pouvoir rejouer sans ressentir de douleur.

La deuxième intervention que je pratique le plus souvent, c'est sur ma fille atteinte de violentes migraines qui l'obligent à s'isoler dans le noir pendant des heures en attendant que la douleur s'estompe.

La pratique du REIKI sur ses migraines lui a permis de moins appréhender ses crises car elle sait qu'en vingt minutes la douleur allait disparaître et le Reiki allait lui éviter ces sensations de nausées et d'angoisse qui sont insupportable.

Pour finir, je pense que le REIKI est un remède comme un autre tout à fait naturel et qui évite de souffrir inutilement mais bien sûr ne remplace pas un traitement thérapeutique.

Il faut accepter l'aspect mystique du soin et les bienfaits de la médecine douce.

BIBLIOGRAPHIE

Voici une liste de livres que je garde dans ma bibliothèque ou que je conseille à mes élèves.

- Ø *ARJAVA* PETTER Franck. Feu de Reiki. Hendaye : Niando, 1999.

- Ø *ARJAVA* PETTER Frank. Reiki, le legs du Dr Usui. Hendaye : Niando, 2000.

- Ø *ARJAVA* PETTER FRANK. Le manuel original de Reiki du Dr Mikao Usui . Hendaye, Niando.

- Ø BROWN Fran. L'esprit du Reiki, l'enseignement de Hawayo Takata premier Maître de Reiki ».

- Ø Mendocino : Recto- Verso, 1992.

- Ø GAGNON Paulette, LACHANCE Nathalie, DELADURANTAYE André. Reiki un pont entre deux mondes. 1995, VARENNES édition Marie-Lakshmi inc.

- Ø CHARLISH Anne, ROBERTSHAW Angela. Découverte et Initiation Reiki. Akapit : TASCHEN, 2003.

- Ø *SHANTI* GAIA Laurelle. Une énergie de guérison pour notre monde en évolution Reiki Karuna® . Henda : Niando.

www.ingramcontent.com/pod-product-compliance
Lightning Source LLC
Chambersburg PA
CBHW031447280326
41927CB00037B/383